U0474189

喇家

柳春诚 著

青海人民出版社

图书在版编目（CIP）数据

喇家 / 柳春诚著 . -- 西宁：青海人民出版社，
2018.12
ISBN 978-7-225-05759-0

Ⅰ.①喇… Ⅱ.①柳… Ⅲ.①新石器时代文化—文化遗址—民和县—通俗读物 Ⅳ.① K878-49

中国版本图书馆 CIP 数据核字 (2019) 第 009683 号

喇　家

柳春诚　著

出　版　人	樊原成
出版发行	青海人民出版社有限责任公司
	西宁市五四西路 71 号　邮政编码：810023　电话：（0971）6143426（总编室）
发行热线	（0971）6143516 / 6137730
网　　　址	http://www.qhrmcbs.com
印　　　刷	陕西龙山海天艺术印务有限公司
经　　　销	新华书店
开　　　本	890 mm × 1240 mm 1/32
印　　　张	6.25
字　　　数	100 千
版　　　次	2019 年 7 月第 1 版　2019 年 7 月第 1 次印刷
书　　　号	ISBN 978-7-225-05759-0
定　　　价	30.00 元

版权所有　侵权必究

序一

鲍义志

我与柳春诚先生交往已近20年了。他请我为他的新作《喇家》作序，我只能欣然应诺，不敢怠慢。《喇家》内容庞杂繁奥，涉猎考古、历史、文化、民俗、艺术等诸多领域，有很强的可读性。春诚先生之前已有《青海彩陶上的"维纳斯"——柳湾裸体人像彩陶壶解读》《青海古代文化与内蒙古北方草原文化艺术风格的碰撞》《浅谈青海古代"太阳"崇拜》《青海——丝绸之路上的璀璨坐标》《"熏炉盖"还是匈奴青铜神鸟冠考述》《西宁"虎台"的历史人类学考辩》《喇家遐思》《穿越时空的对话》《行走在屋脊上——青海高原文物调查随笔》等诸多文论发表，作为一名资深的文博学者，为人作嫁之余尚有诸多文章问世，是十分难能可贵的。这是他几十年文博生涯的汗水结晶，记录了他在文博领域跋涉的每一步艰难足印。

　　2006年，我首次认定大禹故里的文章《喇家遗址与大禹治水》在《青海日报》和《中国土族》上刊出，引起学术界的热情关注，省内专家学者纷纷著文响应。为此，省政协教科文卫委员会专门召开了研讨会。春诚先生便以他在青海考古学文化研究与人文景观打造方面的丰厚积淀，著文《喇家遗址与大禹治水综合景区创意设想》，在立论和创意的深入上均得到了广泛好评。之后，我又提出"喇家遗址、大禹故里、土族风情、黄河风光"四位一体打造民和县三川地区文化旅游产业的设想，从而推动青海省全域旅游的发展。这一设想，已被成功纳入青海省"十三五规划"之中。由此，我对十余年间为此奉献过热情与关注的专家，始终怀有由衷的敬意。

　　文博工作的生存与发展取决于诸多因素的协同奋进，在社会科学中，文博学是通过田野考古发掘与研究成果，运用人类历史、物质文化遗产等研究方法，以博物馆、考古遗址公园等展示平台，再现人类发展进程及历史规律的学科。

　　现今，考古学家对人类文明起源、族群迁徙、文化互动甚至国家组织等重大问题不再局限于遗存与遗物的表象探讨，而是借助于环境考古、人类活动空间、农作物的栽培、动物的驯化、人群的食谱乃至埋葬习俗等一系列技术构成资料进行分析，获得系统的认知。春诚先生善于从古代遗存资料中提取文化信息，善于发现问题解决问题，其思维敏捷、把握精准、立论独到，利用近年兴起的环境考古、动物考古、植物考古及物理考古等多领域知识串联全文，正像地理学家赫特纳所说："没有一种科学是孤立发展起来的，而都是基于思想的普遍进步和别的科学的进步而发展的。"

春诚先生对喇家遗址文化内涵的理解是全方位展开的，并认为复杂的原始文化发达程度并不亚于现代，尽管先祖们在某些科学领域与生产力技术能力上远不能达到后来的发展水平，但并不意味着他们在抽象思维的观念上，在对苍茫宇宙整体的把握上以及个人工艺技巧上不能实现较高的水准。

实际上，和春诚先生在学术领域还有过一些沟通和交流，他在吐谷浑历史文化领域多有建树，他的《郭里木棺板彩画临摹手记》等对海西吐谷浑古墓的研究文章，内涵深刻丰润，有着许多独到的见解，显示了他扎实的学术和艺术功底，充满了真知灼见。自20世纪的哲学与科学，在新的观察、实验和理论水平上，试图重新理解与评估人类精神——宗教、哲学、科学与世俗精神中的玄奥色彩，这不能不说是人类精神倾向的又一次深刻转变。

在下一个世纪中，我们可能不得不改变原有的科学和宇宙观察模式，搭建一个超越常规物理学观察宇宙的新框架，重新审视宇宙的缘起理念，从而采取能够容纳其他星球的一切文明，我们可能也不得不在新的文明层面上重新认知组建远古时代的神秘与传说谱系，甚至于重新衡量人类文明，特别是曾经使我们如此自负的近、现代文明在宇宙中的真实地位和意义。

在这本书中，春诚先生试图结合枯燥乏味的考古发掘资料与只言片语的文献载录，采用雅俗共赏的通俗笔法进行一次有益的尝试，在远古亡魂苍白的骨架上尽力增添鲜活的灵肉，努力架构文化普及读物的新路径。从不同的审视角度，努力解析和阐释远古灾变的全过程。他力图遵循传统朴学的实证精神，赞赏胡适先生提出的"大胆假定，小心求证"八个字。有心的读者也许可以从中获得这样一个启示：尽管有那样多的学人善于侈谈中国文化的长短，但在文化深层方面，不妨扪心自问一下，对其久远而深厚的中国文化所呈现的复杂形态，究竟有多少真正切合实际的了解和认知？春诚主张，与其空谈文化的形而上学，不如切实深入地做一些具体的微观探讨。这也正是他多年来追求的方向。这本书，实现了这一追求。而书中立论是否都能经受得住历史的检验，自不妨留给后来者做验证。

他深信，运用这种通俗易懂的语言表达方式建构新的理论支撑，不仅受众面广，而且会将专业理论极强的文稿接地气，让世人都能领略远古文化的精髓。那么，利用现代语言解读远古化石，便可以使我们对文内情节的真实性具有更强的信念。

近年来，田广金先生对鄂尔多斯出土商、周、秦、汉时代青铜器的研究表明，在中原与匈奴的铜器中，其文化作风均明显与散布于中亚、黑海、西伯利亚的斯基泰文化相互影响。在中国秦汉时期，其贵族坟墓的封土形制与埃及法老墓的棱锥形金字塔极为相似。由于近几十年，在中国学术界占据主导地位的排外主义和大民族主义的强势，才使许多学者有意无意地对考古学和历史学中早已发现的遗迹，采取视而不见或一味地沉默态度。

本书的观点，是对考古发掘资料与历史文献载录进行认真研读后的进一步升华。穿插的古代神话传说本身具有复杂性，只要变换观察角度，就会得到不同以至相悖的看法，我们显然无法全部厘清这种矛盾和歧异。本书的架构与许多学者的视角多有不同，诚望读者惠予指正。

《喇家》应该是一个学者纯粹的创作，也是一位文人的倾力之作，其中倾注了他多年的心血与汗水，迸发出其更多的激情和才思，集合了智慧、思辨与灵感。

春诚一直坚持文博钻研与探讨，其文论笔触干练，脉络清晰，见解独到，文风老辣，耐人寻味。他的随笔异曲同工，文采飞扬却深入浅出，确有锦上添花之妙。凡历史文化、民俗风情、人文掌故等多有涉及，并且在田野考古发掘、室内考古技术以及考古理论诸方面筑牢了坚实的基础与独到的个人建树。

文如其人。春诚的作品以一种博大和开阔的视野，将喇家遗址放在一种更为广阔的历史空间，纵横捭阖、旁征博引，让思绪自由驰骋。知识面广、信息量大，融考古发掘成果于人文历史、文明进化之中，散发着一种飘逸和闲适，即使壁破风生、梁颓月坠，仍然是山抹微云的绚丽、灯火阑珊的柔美，依然执着地花开红树、草长平湖，决不"失楼台、迷渡津"，做一名辍笔者。他远离那些"不屑于精读文献和深思熟虑，满脑子投机取巧，全身心阿谀奉承"的所谓文士，默默耕耘，甘为"大隐者"。露水湿重的翅膀是飞不起来的，随风飘荡的声音是响不出来的。他的作品除了眼处心生的实践，更多的是一种静默中的淡定。

总之，有耕耘便有收获，而收获的喜悦会使他沉重的人生变得更轻松一些。

谨为序。

2018年冬月

序二

蓝一山

1999年8月,在中国乃至世界考古史上无疑是值得铭记的。炎热的夏季,在青海民和县黄河岸边发现的史前灾难遗址——喇家,借助现代信息,迅即传遍了全球。自那时起,近二十年过去,考古界对这一发现的关注度不仅没有削减,相反还在持续。

它像一块强大的磁石,牢牢地吸引着无数人的目光。

它以巨大的文化信息量,有力地补充了乃至矫正了此前人们对4000年前西北高原文明已有的认识。

它以精神与物质相互映照的复杂存在,吸引着各专业人士对其做跨门类、跨学科的考察。

它像一座列满了索引和目录,而无一部全书的知识宝库,吸引着人们从草蛇灰线般的遗存中探求史前文明的真相。

它像一首余音袅袅的黄钟大吕，穿透历史的云烟，以仅存的几个乐句，激发人们对整部作品的艺术想象。

于是就有了孜孜不倦的发掘和整理，就有了不断产生的论文。

然而，专业性的探索，毕竟限于圈子以内的交流。在圈子以外，更为广泛的大众目光，仍然处在热切的期待之中。凡学术著作，无论价值多么重要，文本的深奥和枯燥是大众阅读的最大障碍。

社会需要一部通俗的、生动的、全面的、能够带来阅读快感的作品，较为全面地认识喇家遗址背后厚重的文化。柳春诚先生最早意识到这个问题，自觉地担当起这份责任——酝酿许久的《喇家》出现了。

春诚先生从事考古工作30多年，打下了扎实的专业基础，此其一；他长期在基层工作，熟悉青海河湟流域的文化，此其二；春诚先生热爱文学，富于激情，文字表达无学究气、无八股味，此其三也。一句话，他适合做这项工作。于是他尝试着以文学的语言、史话般通俗的形式，给大众讲述了一部关于喇家遗址的完整故事。

然而这毕竟不是虚构的文学作品，不可以随心所欲地创造出4000年前的人类生活。它需要以真实可靠的历史资料作为骨架，以合理丰富的想象为血肉支撑，方能完成对历史肉身的宏大叙述。

想象有时候是一种无奈和必须的选择——尤其是可资研究的文字极度匮乏甚至完全阙如的时候。《人类简史》的作者、年轻的教授尤瓦尔·赫拉利，在描述数百万年以前智人出现之后引起的认知革命、农业革命和后来的科学革命的过程时，不也正是运用了丰富的想象吗？遑论文字，连一鳞半爪的物证没有啊。

但是想象必须合理，这是唯一不可动摇的条件。古人所谓"随心所欲不逾矩"，即其是也。"矩"是基本规则，是底线，是金科玉律。这是毫无疑问的。

我很佩服春诚先生的勇气和决心。不说别的，仅就全面掌握资料，耙梳剔抉，建构框架，娓娓道来，那得煎熬多少时日！

这还在其次。对4000多年前黄河上游先祖们的生活模式、居住模式，乃至社会关系、行为方式、情感方式、价值观念、审美取向等诸多问题的考证和揣度，又得耗费多少思考！

或许还有不少错讹、缺漏或偏差，或许这部作品所描绘的场景、所作出的判断，与历史的真相还不能完全叠印在一起，但他终于完成了他的心愿——磕磕绊绊地、穷思苦虑地、锲而不舍地。

读者如能以这部作品为窗口，大略地窥探到喇家遗址的文化光芒，丰富了对青海历史的知识，开阔了认识古代社会的眼光，庶几，此书的价值得以显现，春城先生定当浮一大白。

2018年中秋

目录 contents

壹 first ● 贰 second ● 叁 third ● 肆 fourth

壹

玄奥突闪

惟萃徐徐　3

泄密天机　13

壹 first · 贰 second · 叁 third · 肆 fourth

贰

凝视亘古

原始狩猎 33

原始信仰 52

原始聚落 66

原始工艺 74

壹 · 贰 · 叁 · 肆
first　second　third　fourth

叁

灵光璀璨

回眸劫难　101
再探喇家　113
齐家文明　132

壹 first ・ 贰 second ・ 叁 third ・ 肆 fourth

肆

星宿何方

净地涂炭　149
众生迁徙　157

附文　172
参考书目　178
后记　180

玄奥突闪

壹

帷幕徐徐

　　凄厉的蓝光划破了宁静的苍穹，层层灰紫色的乌云从西边猛然压来，剧烈而沉闷的轰鸣接连不断地从地层深处滚动。猎犬狂吠不止，奔马长啸嘶鸣，野狼哭嗥低吟。瞬间，雷鸣风吼，大地摇撼，飞沙走石，四野咆哮，似乎有一只邪恶的魔爪突然撕裂了宁静祥和的面纱，洪魔肆意冲向广袤的大地。浓浓的烟尘裹挟着大量的山石与澎湃的洪流封堵住了喇家聚落的每一扇门窗，泣血的震动推醒了流泪的夜空，使茫茫长夜失去了刹那的平衡。顷刻，死神狰狞地疯狂扑来，天空飘荡着骇人的血腥，多少部落的窑洞被震塌，多少先祖彪悍的臂膀被折断，伤痛碰撞着伤痛，泪水覆盖着泪水，死亡重叠着死亡，悲歌回荡着悲歌，走累的钟摆停止了前行的脚步。皓月不忍映照那噙满泪光的回眸，群山被撕拽下一块块鲜嫩的肌肉，黄河不愿听那低头无语的泣咽，山峦颤抖，森林呼啸，汹涌翻滚的波涛与断壁颓垣发出的声响交织着人类绝望的哭喊回荡在山谷之中……

这片土地连同聚落天昏地暗，穹庐上空飘洒着族群的麻纱，像一面面猎猎鼓动的旌旗。数以万计的生灵消失陨落，洗涤永生超脱的亡魂，让不屈的尸骨在族群的臂膀里安息。喇家先祖梦呓中不曾触及，他们的末日会来得如此之快，生命会以这种极度恐惧、窒息身亡的形式而宣告结束。这是4000年前一个深远而浩茫的夜晚，远古世界最为恐怖的天灾降临在青藏高原黄河谷地的喇家聚落，先祖的宏远憧憬被天难碎裂。自那一刻起，历史凝聚在死亡的最后分秒，生命不知去向，灵魂却在这里飘荡，喇家聚落连同一个民族古老的记忆在这个人类生存的绚丽星球上被永久地抹去了……

喇家先祖苦心经营的富饶家园顷刻间满目疮痍，遍体鳞伤，毁于一旦。那是一个令人心碎而不堪回首的残酷故事，鲜活的生命与黑色的死亡拉开了惊心动魄的抗争帷幕。命运的天平似乎从来就以倾斜的方式存在着，人类的演进历程则隐含着灾难，从它诞生的那一瞬就时时刻刻伴随着生命成长的步履。尽管这种不公使人难以承受，但是几百万年来的人类就是在这种偏颇中繁衍的。600万年前，奥里恩人学会了爬树，逐步站起腰身伸展手臂采摘果实，甩开双腿奔向黎明。因此，由爬行类动物缓慢变成直立人之后，留在荒原大漠上的人类的第一串脚印改变了迁徙的航程，这是人类第一次迈出开化前进的坚实步伐。300万年前,"能人"诞生,他们顺手摘下第一片树叶裹腰间御寒取暖遮羞避伤,学会利用简陋工具取食防兽,渐渐刺激人脑的发育,促进了人类对事物发展变化的潜在意识的生成。一个年轻的"能人"不慎摔倒被一块锋利的石片划破了手指,火辣辣的疼痛令其十分难忍,殷红的鲜血使其联想到石片是否也能割透动物的皮毛呢,灵光闪现,人类由野蛮走向文明。于是,这块碎石标志着人类工具的最早雏形,人类的大脑容量逐步得以增长、开发、利用,慢慢产生了创造工具的意识,并将前辈总结的经验传授于后世。200万年前,"能人"陆续离开了原始的栖居地——非洲,到达世界所能到达的地方,眼前所发生的一切都令他们惊叹不已,他们根本不知道这片土地有多么地辽阔,多么地精彩,所以他们是人类最出色的旅行家。100万年前,人类的童年在非洲的东部和南部诞生了。在郁郁葱葱的密林中,一个成熟丰满且全身裸露的女人抬起双臂抓住一颗野果的瞬间,从身体里散发出一股浓重的雌性多巴胺味道,她的多毛背影完全暴露在一个粗犷的男性面前,他的周身血液莫名其妙地一下子从脚底冲向脑门儿……他们彼此眼眸深处闪现出第一次本能的诱惑,脸颊上透露出第一缕爱慕的微笑,相互发出第一次激情的吼叫,留下了人类第一次野性的伟大与情感的交流,开始了第一次群居的生活。他们这种野蛮的求爱技巧在本能的激荡中无限拓展,延续着种族的繁衍,并将这种交媾舒爽一代代地传递下去。面对强劲的野兽,人群中投掷出第一块防御性的石头,命中猎物并获取食物，捡起两块石头相互砸击，拾起碎裂而锋利的小石叶宰杀猎物、刮割兽皮、剔骨切肉，最早的石制工具就这样自然而然地诞生了。人们集体协作搬来很多形状不一的石头，选择一块平坦的草地码成圆形，撅断粗壮的树杈沿着石圈竖起，便形成了尖顶式的窝棚，人类最原始的建筑结构就此诞生。某日，一丛枯黄的荆棘被狂风吹得发出"呲呲"的声响，一缕青烟冉冉升起，发出刺目的光芒，像只火红的狐狸一样高低跳动，若去拍打，却极其灼手烫人。用棍棒敲击？这动物却黏附其上不离不弃光芒四射，那时的人们叫它"奔儿"，后人才叫它"火"。雨水在阳光的普照下蒸发了，干涸枯燥的草木极其容易招惹"奔儿"的光顾，人类终于发现大火是各类生物的天敌，并在地面上见到爬行类食肉动物被烧焦的遗骸，有人尝食气味扑鼻肉味鲜美的残骸后兴奋无比，人类第一次吃上了烤熟的兽肉，又增加了一种新的食物来源。他们甚至第一次体验到肌肤燎烤的钻心疼痛与温暖感受，由此认识到火既可以烧烤食物又可以取暖御寒，果腹充饥。随后人工取火技艺逐渐成熟，火不仅可以用来夜晚捕猎，还可抵御野兽侵袭，它标志着人类的健康与智慧发生了质的飞跃。黑夜对人类来说永远是恐怖的，火曾经照亮过祖先跋涉的夜空，假如没有火光的点亮，夜晚将给人类带来无比的寒冷，光明与黑暗是不可抗拒的界限，也是黑白审美心灵的启迪，对自然的敬畏感由此产生，这也是人类第一道文明的曙光。40万年前，尼安德特人在狩猎生活中聪明地采用动物的皮毛缝制衣物抵御寒冷。这是世界上最早出现的裹体衣裳。10万年前，尼安德特人充满着对人类起源和灵魂的敬畏，为了缅怀亡者的遗容，采取在家园附近挖个坑穴将尸骸掩盖储存，这种令人匪夷所思的习俗久而久之则变成一种原始的祭祀信仰，人类最早的墓穴出现了。凡是敬畏，必定高贵，这是对生命不息的崇敬与怀念。至此，人类已经学会了采摘果实、打制石器、围猎野兽、建造窝棚、取暖烧烤等生存技艺，不仅健全了体魄，而且还开发了潜在的意识和智慧，从愚昧野蛮中逐步过渡到文明开化的智人阶段，他们既是现代人的祖先，也是最早吹奏骨笛器乐的发明者。6万年前，生活在广袤的美洲大陆上的克鲁维斯人都是出色的石匠，他们将粗劣的石质长矛以投掷梭镖的方法刺进袋鼠的体内并将其烧烤充饥，袋鼠又成为新的食物来源。当时的人们几乎每天都要面临着各种各样比人类强大的怪物攻击，经常遭遇其他食肉猛兽的威胁，诸如天上的飞禽、地上的走兽以及水里的巨鲸等等。人类的恐惧心理源于祖先的遗传，悲伤的心绪需要时间来平复，人类自从发明了武器，武器便成了生存的救命稻草。大多愚蠢的动物尚无防范攻击意识，恐鸟就属此类，而且它的蛋要比鸡蛋大10倍，是新西兰毛利人必不可少和最爱吃的食物之一，大约40个毛利人每年要吃掉1万只恐鸟，因此促成它的极速灭绝，使这个世界上又缺了一种稀少的动物。后来有一群陌生人来到这里，毛利人遭遇了异族的侵略。4万年前，尼安德特部落生活在欧洲白雪皑皑的银色世界，他们抱团取暖,以家庭为中心,架构起社会最基本单元的雏形。16000年前,栖息在欧洲拉斯科的先祖们,将心目中所记恨的难以捕猎的猛兽形象视为神灵——黑色公牛凿刻在洞穴岩壁间启发警示,这是人类艺术的第一根线条在旧石器时代岩壁上的摹本。远古人群为了争夺生存资源,时常发生激烈的冲突,他们额角上第一道恐怖的血痕启示着后世纹面纹身图案的开发,也是界定不同人群间信仰与英武的标志符号,更是自我意识的族群象征,原始文明就在这点点滴滴的演进中悄然生成了。人类的演化至多不超过600万年,而就在这几百万年的最后几千年中,由于人类过度强盛挤占了其他物种的生存空间,在石器时代,全球人口总量估计不会超过4000万,然而,再往后的岁月中,地球上的人口像野草般疯长,照此发展下去,将会有众多物种濒临灭绝。4000年前与喇家聚落同期存在的世界各种文明都呈现出繁荣的景象。譬如距今4000年前,聚居在黄河中下游的夏部族建立了中国历史上第一代王朝,史称夏。公元前3200年的欧洲,出现了古希腊文明——爱琴文明,它是南希腊和爱琴海岛屿文明,其中心是克里特岛和迈锡尼城,因此又称克里特·迈锡尼文明。公元前2000年出现了最初的国家,以宏伟华贵的王宫建筑、精美的工艺品和强大的海上霸权著称,出现了书写古代克里特语的文字——线形文字甲种。公元前1450年左右,米诺斯王宫被来自希腊半岛的迈锡尼人占领,迈锡尼文明出现。公元前2000年的美洲,北极地区出现了村落,生活着爱斯基摩人,他们的祖先居住在西伯利亚，穿越白令海峡，从亚洲来到了美洲。公元前2000年的非洲，埃及王国中期（第11—12朝，公元前2040年—公元前1786年），建都于底比斯，奉阿蒙神为主神，同腓尼基各城市联系密切，与地中海的克里特岛开始往来。就人类生命个体而言，当我们面对从天而降的灾难时，只能以微弱嘶哑的声音呐喊，用苍白无力的四肢抗争，这已经成为不变的法则。在这种境遇下，人类个体生命只能借助巫术的超能力解脱思想上的疑问，达到心灵上的满足与慰藉，凭借对神灵的信仰和祭拜，实现美好的愿望。4000年前的那个漆黑夜晚，喇家先祖无法预测灾难的降临，来不及祈求上苍的福祉，安排好次日的生活，旷野猛然露出野兽般狰狞的血口吞噬着人间苍生，凶煞的地震与洪魔在地球的肩膀上以瞬间凝固的方式将先祖与聚落浇筑在黄河两岸。

腾空俯视无边无际的天宇，一颗蔚蓝色的星球引人注目，无数道亘古的鸿沟将它博大的身躯撕裂分割成大小不同的版块，就像陶瓷碎片修复那样把几块大陆拼接得天衣无缝完美无缺，这绝不是偶然的巧合而是天然为之。尽管至今大陆漂移说尚无定论，但是，辽远旷久的大裂痕却毋庸置疑地将人类探索引向了大陆漂移的那个时刻。在地球演进史无数次的断裂与碰撞间，撕开的各个板块随着强劲的洋流运动开始大范围移动演化。大约三亿六千万年前，青海地缘就是热带雨林，青藏高原尚未形成，它曾是古地中海的一部分——古特提斯海依然碧波荡漾。直到一亿八千万年前，古海洋慢慢退却，青海古大陆缓缓浮出水面，最初的陆地生态系统自然产生，茂密的森林日益成形。大约3600万年至1200万年前，青藏高原随着喜马拉雅轰轰烈烈的造山运动开始隆升……1200万年至300万年前，青海高原柴达木盆地荒漠化缓慢加剧，边缘峰谷仍然分布着大面积森林。300万年至5万年前，青藏高原凸升到3000米以上……5万年至1万年前，此起彼伏的柴达木沙漠诞生了，高原腹地长江、黄河、澜沧江源头的繁茂森林渐渐消失。历经亿万年的岁月雕琢，南方海域上的远古大陆一寸寸地漂移楔入欧亚大陆的一隅。青藏高原恰似一朵盛开的莲花绽放在大洋的彼岸，高原大陆在年轮的漫漫演进中历经了无数次不断隆起、不断夷平、循环往复的磨砺，每年以几毫米、几厘米的速度不断增高，这个成长过程是何等缓慢啊！它承载了重重艰难险阻与残酷磨难，最终勃发跃起在灿烂辉煌的地平线上，史无前例的大陆漂移造就了青藏高原的巍峨雄伟，孕育了大陆板块的融合构成，擎起"世界屋脊"千里绵延的峰巅，这是造山活动馈赠给地球的一枚熠熠生辉的不朽勋章。

站在浩瀚时空的尺度上，人类文明的繁荣与毁灭或许只是地球周期性物种大灭绝之间一朵咆哮的浪花。譬如古巴比伦文明、古印度文明、古埃及文明以及玛雅文明的突然消失；譬如蒙古帝国、土耳其帝国的崛起；譬如罗马帝国、波斯帝国的灭亡；譬如喇家聚落的消逝、庞贝古城的覆没……诸如此类对地球生物总体而言，最美好的未来也许是期待躲过几百万年一次的生物大灭绝。但是，人类文明的不断升华，与其说是奔向理想中的乐土，不如说是重重危险之中的弦歌，总能苦苦寻觅为自身探索一丝生机。人类同样不愿面对的是似乎神秘莫测、被黑暗所填充的潜伏着诸多不确定和种种危机的宇宙，宇宙中无数天体的诞生与灭亡总是在无声无息中轮回，却又以令人无法察觉的形式造成地球生物的再次毁灭与重生。6600万年前，恐龙的灭绝恍如昨日，如今人类尽管已经能够蹒跚学步到达月球，其生命力并不一定会比恐龙更加顽强持久。假设人类摆脱了仿佛永无止境的劳作和终生被土地所束缚的命运，终于如婴儿般睁开了双眼，开始好奇地打量着宇宙和自身，适应着前所未有的生存环境。磨难的岁月荡去了多少生灵，以箭的速度穿透开花的眼睑，击中伤痛悲绝的肺腑，而灵魂的步履会一直在求索中寻觅生命的栖居，这个新的栖身之地绝不像发现新大陆那样简单，更不是一只诺亚方舟就可以承载得起的另一部人类文明的演绎历程。当从那些古部落、古石阵、古帝国、古文明背面试图窥视遥远昨日曾经照耀过它们的阳光时，确实已经无法想象最初的那束阳光，照亮过他们怎样的思想。我们暂且把尼罗河河谷与撒哈拉沙漠交汇点吉萨高原上的金字塔视为史前文明最后的剪影，塔内的小船很可能是法老们驶向来世的工具，它不仅是法老的归宿，而且还具备天文观测台的功能。很久以后，墨西哥圣罗伦佐城和拉文达城的奥尔梅克人的玄武岩雕像，是最后一个冰河时期移居美洲许多族群中的黑人形象，他们的文化形成和衰亡隐含着诸多未知数；智利西海岸南太平洋的"复活节岛"上矗立着的600多尊参差错落的巨大石雕像凝望天空，其中一尊尚未雕琢完成且与山体相连的半成品雕像是何人所为？又因何种情形便匆匆离去；秘鲁荒原上那些神秘的巨大符号和几何图案只能从高空鸟瞰才能领略全貌；临近大西洋的卡纳克镇郊外伫立着的10000多根犬牙交错的石柱被分割成三片：位于卡纳克城北的勒芒奈克，利用1099根石柱排列11行，长1000米，宽100米，呈矩形；它北面的克马里欧石柱排列10行，长1200米；相邻的克勒斯坎石柱排列13行，长400米。这个石阵分期建于公元前4300年至公元前1500年之间，沿着东西方向分行排列，最大的石柱重300多吨。

　　一束灼热的阳光点燃了人类最初的文化激情，只是无从探秘灿烂阳光沐浴下从容绽放的人类文明智慧而注定要失落很多记忆，再也望不到它的身影了。如果确有史前文明时代，那么就可以肯定它至少对苍茫宇宙的认知与探索是无限的，它甚至很可能淹没在历史的天空之下。就像生命过程必须面对死亡，三叶虫悄然无息地定格在岩层中，三趾马浩浩荡荡地凝固在化石上，只要承认生就必须接受死，假如宇宙也有终结，那么地球和人类又算得了什么呢？

泄密天机

在地层深处尘封凝固的惊天玄机，通过考古工作者的手铲意外地传递出来，使我们零距离地触碰到沉睡在废墟之下的喇家先祖与灾难抗争的各种顽强姿态。那是定格在青海高原金石并用时代的喇家聚落；是悲情如同黄河奔涌、壮美家园变成破败废墟的喇家聚落；是远古生灵遭到涂炭、无数鲜活生命流星般陨落的喇家聚落；是被一只暴虐的魔爪生生撕裂了的古代族群流血的喇家聚落；是母亲的泪水一遍遍漂洗过被人性光芒照亮和温暖的喇家聚落；是来不及咀嚼痛苦而挺起胸膛迎接苦难的喇家聚落；是乌云遮挡阳光在黑暗中期待黎明的喇家聚落。然而，它穿越4000年时光隧道之后姗姗来迟，直到1999年才被考古工作者揭露出来，这是一项震惊中外的重大考古发现。

喇家遗址的考古发掘是青海省文物考古研究所与中国社会科学院考古研究所甘青队及民和县博物馆共同合作的"黄河上游官亭盆地古遗址群考古研究"课题中的重要项目之一，自1999年至2007年与2014年至2016年历经12年的考古发掘工作，首次揭示了史前灾变迹象，还原了史前人类社会生活的真实轨迹。

喇家遗址布局东西长约880米，南北宽约750米，占地面积约67.7万平方米，这片古老的土地成了考古工作者研究黄河上游地区古代社会文明的神圣殿堂。

1999年秋季，青海省文物考古研究所与中国社会科学院考古研究所甘青队联合进行田野考古发掘，初步探明喇家遗址是一处东西长约500米、南北宽约400米、总面积约25万平方米的大型古代聚落。其规模之大、形制之全，令人叹为观止，特别是聚落中排洪或抵御外敌入侵的宽大壕沟，格局大，气势强，充分表明喇家先祖居安思危的忧患意识，遍地散发着齐家文化的远古气息，强烈燃起考古队员前所未有的发掘欲望和探索信念。

2000年，田野考古发掘工作正式拉开序幕，揭露遗址面积500平方米，清理出7座房址、15座灰坑、2座墓葬和一段壕沟，从中出土石器、玉器、骨器、陶器，共计255件。喇家聚落向世人敞开了尘封已久的玄奥之门，各类生产生活用品荡去了厚厚的尘埃，似乎倾诉着先祖们步履维艰的坎坷历程，展示着他们积极向上追求完美人生的品质。然而，考古队员对遗址3号、4号、7号房址内人骨遗骸的精心清剔中，一组慈母以身护子的惊悚一幕冲击着人们的眼球：母亲用她那柔弱的臂弯紧紧地将婴儿护佑在自己温暖的怀抱之中，绝望地扭头紧紧盯着另一个倒地爬行的孩童，这组遗骸的奇特姿态勾起在场队员的无限猜想与哀思，他们纷纷背面，不忍目睹这一悲惨的情境。这种母性的崇高品质，强烈冲击着每个人的心田。与此同时，考古队员又在房址门口清理出一具外逃求生的成年男性骨架，再次震撼了队员们稍稍平复的心房，无法想象的是，大难临头，女人宁死护子，而男人却撇下可亲可爱的家人只顾自己逃生，男女品格在这里形成强烈的对比，这血淋淋的真实情景使在场的男性队员们感到无比汗颜。发掘现场一片寂静，男女队员表情凝重，以普通心理推测想象，大难降临时，趋利避害是人类无法回避的心理状态，古往今来求生本能天性使然，既不能过度地谴责，也不能过度地诠释，道德尺度因时因地因人因事无法作出准确的判断。队员们从激动的情绪中逐渐恢复了常态，继续用灵巧的手铲小心翼翼地剥离着人类生活沉积下来的层层遗物。经过一年的田野发掘与室内技术理论研究，黄河洪暴的历史景象奇迹般地被考古工作者们渐渐破译了，首次揭示出中国史前黄河上游地区的灾难遗址。

2001年，考古发掘工作继续进行。在遗址东区分布着30余座横穴窑洞式建筑，其中，一组呈东西向排列、门朝北开的建筑坐落在台地的北侧边缘；二组由4座呈南北向排列、门朝西开的建筑坐落在东区西南侧，这两排窑洞式房址背靠小型广场，其营造技术均利用黄土断崖开凿挖穴，尚未完全摆脱原始的居住形态。特别值得一提的是，在10号窑洞西壁的黄土堆积中清理出两具相互搀扶的女性人骨遗骸。假如考古队员们在清理过程中略有粗心、匆匆忙忙地错过一个细节或忽视一个迹象，那么，他们就不可能揭露出这场触目惊心的悲剧场景。谁曾料到大难来临之际，那位身高体阔的女人使出浑身解数，拼命地拉拽、搀扶着另一位即将生产痛苦不堪的女人，她们抱着生的期盼相携着朝命运的通道奔去，但惨绝人寰的强烈地震将这座窑洞震得轰然倒塌，刹那间，滚滚洪暴裹挟着泥石流狰狞残酷地将她们淹没在黄土深层下无声无息，尚未出世的孩子随着生身母亲踏上了寂静的天路……队员们经过认真发掘和仔细观察，鉴别划分出窑洞坍塌和填充堆积的先后地层关系。发掘者对15号房址进行观察，发现它残高2.5米、1米厚的棕红色黏土层压在山洪沉积物之上。由此分析，在黄河洪水来临之前，从喇家北部沟谷倾泻而出的山洪即水石流早于黄河洪暴冲击了喇家聚落的西部，地震将喇家聚落夷为平地，随之而来的特大黄河洪暴将它彻底摧毁并掩埋起来。10号与15号房址构造基本一致，进一步验证了窑洞式建筑结构是喇家遗址居住房屋的主要形式，初步判明窑洞式建筑在聚落中的分布格局。在房屋内的墙壁或墙角处，考古队员惊奇地发现了罕见的壁炉形成——烤炉：它们多在窑洞土壁上掏出神龛形的偏洞，然后在洞穴中部用石板分隔出上下连为一体、可以同时使用的两个空间，其上层为烘烤室，下层为火膛。壁炉在居址中出现，充分印证了喇家先祖很早就熟稔热能转换，烹制食物，抵御寒冷，彰显了他们适应生存环境的超凡意识与实践能力，孕育着人与自然和睦相处的东方智慧哲学。由此，发掘者对房屋遗迹进行了大致盘点：在3号、4号、7号、10号、23号（西区）房址内统计出遭遇强震洪灾罹难尚未逃生的亡者遗骸共25具。其次，在聚落中发掘出土了小型广场、奠基坑、杀祭坑、埋葬坑等多种遗迹，由此推论，这里很可能是举行祭祀、葬礼的综合仪轨场所，其周围残留着土墙体坍塌的窑洞式建筑，从而得出喇家先祖就地取材、因地制宜的科学意识。在充分利用自然环境的前提下确保自身安全不受侵害，既符合当时生产力发展的规律，也体现了他们原始朴素的生态观念。此外，还在东区发现多处史前时期的地震迹象，造成地面起伏错位、褶皱塌陷、折断面60度倾斜和地裂缝、砂管砂脉以及喷砂厚度可达半米多等种种地震危害，这些迹象折射出的强大的自然力对生物界的侵害是无法抗拒的。这也是改变自然环境的重要因素，更是环境考古的意外收获，为我们认识史前时期的地质环境变迁提供了第一手的珍贵资料，奠定了后续考古发掘的坚实基础。喇家遗址于2001年6月25日被国务院公布为第五批全国重点文物保护单位。同年又被评为"2001年度全国十大考古新发现"之一，被誉为东方的"庞贝古城"。

2002年，在东南台地Ⅴ区中部继续进行着田野考古发掘工作，一处百十平米以上由人工堆积踩踏而成的小型场地渐渐显露，一段宽约10米、深约4米的喇家早期壕沟横跨场地内部，并清理出大量齐家文化堆积物，据此推论，这是一段早已废弃的壕沟。场地东南方向，毕业不久的青年考古队员带领着当地土族技工又发掘出两座地面建筑遗迹，其平面呈方形，五六米见方。其中，20号房址是一座具有3排12个柱洞的特殊建筑，从房屋内清理出一只棕红色倒扣着的陶碗，当青年考古队员小心谨慎地将陶碗翻过来时，惊喜地发现碗内盛满了卷曲缠绕、纹路清晰、已经风化的面条状食物，从形态上看，纵剖面近似圆形，很像今天的拉面。据考古学者推测，喇家的这碗面条很可能是由小米一类的粮食作物加工而成的，它的制作工艺未必是和拉面一样抻出来的，或许是挤压而成，抑或采取类似搓鱼儿工艺，一点点搓成的。类似搓鱼儿工艺，至今在青海境内的很多山区仍然沿用，当地农家利用本土的青稞面掺和一种野生黄毛籽的调和剂，就能将青稞面搓成五六十厘米长的搓鱼儿，它是当地农家招待贵客或亲友的重要美食之一。喇家的这碗面条很可能是当时族人为了某种祭祀活动而备存的食物贡品，这是一碗4000年前的面条，是世界上迄今为止发现的最古老的面条实物之一，享有"天下第一碗面"的盛誉！21号房址则是一座具有3排9个柱洞、结构比较简单的地面干栏式高台建筑，利用原木，按比例尺度和间架结构搭建而成。由此可见，喇家聚落除窑洞式形制外还有地面木柱式结构，据古建筑专家推测，它很可能是氏族部落中的"社"或"明堂"一类的干栏式礼制殿堂，是供奉神明和宗主的祭祀场所，这种"干栏式"建筑在北方黄土地带尚属首次发现，也是喇家先祖居住房舍形制的一场建筑革命。此外，遗址中出土了一件大型玉刀令人瞠目，这或许是喇家先祖在原始祭祀活动中所使用的重要礼器。考古队员在这个区域的很多地方探明了地震洪水过后遗留的种种迹象，使他们不由地张开了想象的羽翼，放飞了大胆的推测，这里还有什么奥秘值得我们探索呢？当劳作一天的喇家先民拖着疲惫的身躯进入甜美的梦境时，突如其来的强震将死亡的魔爪伸向了宁静的苍穹，毫无征兆地在中国西部大地上撕开一道哀痛的创口，造成群山断裂、江河改道，随之引发的黄河洪暴在鲜红的血管里咆哮奔流，猝不及防的先人在雷雨瓢泼地动山摇的梦魇里顷刻间消失得无影无踪……这天书般的千年谜底激励着考古工作者探索前行。

2003年，考古工作重心放在了喇家聚落小型场地北侧齐家文化祭坛建筑结构的深层发掘上。祭坛高于小型场地约2米，呈现5~10度的缓坡覆斗状，自顶部以下向外延伸20米左右，它在废弃窑洞的基础上因地制宜利用了较为凸起的黄土高地再次修建而成，由小型场地、堆砌土台、夯土层面、干栏式建筑共同构成一个整体，与良渚文化祭坛有着诸多的相似之处，这里很可能是喇家先祖举行某种祭祀仪式的活动场所。队员们在五六平方米的祭坛顶部清理出多层人工夯土硬面，并在中部发掘出一座形制特殊、规格较高的长方形竖穴墓葬（M17），在它的周边修整出2米宽的台面，在墓葬套口及墓口填土上下层中分别清理出玉锛、三璜合璧、玉璧芯、小璧芯、三角形玉片和玉料等8件玉器；继续向下发掘，墓中躺着一位45～50岁的男性，在他的头部和足部附近分别清理出一件玉凿、一件玉纺轮、一件玉环、两件玉璧和两件玉管，共7件玉器。从玉器陪葬情况中透射出一种原始观念，当时的人们普遍认为陪葬玉石能够起到保护亡者尸体不腐的作用，而玉石稀缺，非一般人所能拥有。由此推测，墓主人很可能是氏族部落中有着特殊身份的人物，抑或部族中的王者，抑或巫觋之类的神职人员。玉器与首次发现的祭坛建筑共同昭示着齐家文化中喇家先祖的原始信仰，凸显出护佑和礼仪的文化特质，印证了齐家文化在华夏文明发展中的源头地位。

2004年，在遗址西北台地，考古队员再次发现窑洞式建筑、地震灾难迹象和房址内的亡者骨架，种种遗迹表明：喇家先祖最真实的罹难情形，与之前母身护子遗骨相比，其挣扎求生的姿态更令人触目惊心。喇家遗址处处留存着祖魂的悲情，先祖的遗骸堆成了万里河山，那是远祖的亡灵正在接受"圣水"的洗礼，惨烈、悲壮，令人肃然起敬。

2005年，考古工作者在上喇家开展了区域延伸性田野发掘，欣喜地发现一种新的文化属性——辛店文化，它接续了喇家遗址的文化延伸。发掘者惊诧地探明,后来的辛店文化叠压在之前的齐家文化层之上，形成了早与晚、前与后的文化关系。也就是说，灾魔席卷过后，幸存的喇家先祖难离故土，重建家园，但是灾害反复无常，他们只好在万般无奈下选择了迁徙。大约在3200年前，又有一支辛店族群披星戴月沿着黄河谷地爬上了地球的肩膀，在之前的喇家先祖生活过的故乡开垦拓荒，构筑了属于自己文化特质的理想家园，他们的创造体现了人类血脉传承的人生价值观，秉持了兼容并蓄的文化理念。这次考古发掘成果得出了辛店与齐家文化较为完整清晰的上下层位关系，并为考古学梳理了翔实珍贵的田野发掘资料，以中华文明探源工程专项大规模采样拟作为系列样品的年代测定。喇家遗址于2005年被国家文物局确定为"十一五"期间100处重点文物保护对象及重点保护的大遗址之一。

2006年，考古发掘者在遗址北区广袤开阔的田野上继续探索，勘察到被洪暴冲击覆层下的疑似西部聚落的原始农耕，开启了对区域农耕迹象尝试性的考古先河，这里很可能是史前时期农耕文明旱作耕地的雏形。同时还发现了较多的地裂缝和大量的喷砂迹象，印证了史前强震对自然环境的破坏和造就。追根溯源，凡是江河流域地区，因气候温暖、水源充足、土壤肥沃、植被繁茂，是远古族群聚集生存的绝佳之地，人类的文明由此拓展昌盛。

2007年，考古队员在遗址北区陆续展开了田野发掘，发现了一种尚未成年的许多儿童集中被埋葬的现象。这种奇特的葬俗激发了队员们心底的疑惑，他们大胆地推测，这也许由某种瘟疫所造就，也许是一场残酷战事所屠戮，抑或一次灾难过后的集体被埋葬的风俗。另外，队员们在这个范围内清理出一段人为垒砌而成的错缝咬合的土墙构造，它也许是人为垒墙工艺的较早形式。更为惊奇的是，这段土墙的建构材料却是先祖们在草地上有意识地挖成一片片方形的土块，而这种有形状的土块很可能是后期建筑构件中的土坯或青砖的最早模本，这是在喇家遗址内出现的又一种新的迹象，这段土墙也许是某座房屋的一面，抑或某种土台建筑结构中的一处残角。

自2007年起，喇家遗址田野考古发掘工作暂时告一段落。

喇家遗址历经多年的考古发掘，揭示了远古时期无法预测的遇难景象，震惊世界，引人瞩目，产生了极其深远的求索影响。2013年12月，喇家遗址被国家批准立项为国家考古遗址公园。

自2014年至今，青海省文物考古研究所、四川大学考古系、成都考古研究所及青海省民和县博物馆携手配合喇家国家考古遗址公园的基本建设，再次拉开了田野考古发掘的帷幕，揭露地表面积2359平方米。通过田野发掘，队员们再一次获得诸多尚未探明的新的文化资料，这个区域的历史进程由早到晚绵延数千载，暗示了人类文明的接续并非单一轨迹，为黄河上游古代文明的探索与研究谱写出新的辉煌篇章。

近几年来，田野考古发掘工作的重心放在了喇家遗址的2号、3号、

4号三个保护棚内,联合考古发掘队集中精力携手攻关。首先在2号保护棚内揭露了304平方米的表土层,仔细清理出齐家文化时期的5座房址、13个灰坑(含辛店文化1个)和许多灾变迹象。考古工作者斗志昂扬马不停蹄砥砺前行,又在3号保护棚(F15)内1155平方米的面积上查明了齐家文化与马家窑文化遗迹在这里的共存现象。队员们意气风发再接再厉快马加鞭,又在4号保护棚(F23—F29)内揭开900平方米的地表层,清理出13座房址、1座陶窑、79个灰坑、7条灰沟、4座墓葬与多处古灾难迹象等104处遗存。与此同时,在遗址西区还探查了一种与东区建筑风格不同的房址结构分布,以天井式或沟槽式窑洞建筑组成,根据地貌特征营造居住环境。重点是在23号房屋内,当两位土族女性技工在清理过程中发现一处较为复杂的人骨遗骸时,立马请来一位气定神闲满头花白的中年考古工作者,他单腿跪地仔细观察尸骨迹象,手握精巧的竹签小心翼翼地一点点剔除人骨遗骸上的尘封泥土,分秒"滴答滴答"地流逝,一个时辰过后,他的额角上渗出细小的汗珠,此时久远尘封的密码渐渐地被他分解,慢慢地被他破译,他脸上露出惊异的神色,缓缓起身:一位男性以身护子扭曲异常的身姿展露在他的脚下,他的心灵被震撼,久久回不过神来。之前那以母护子的情景浮现在他的脑海,临危不乱的母亲用那柔弱的臂弯搂子喂乳,挺起了母性伟大的脊梁;这位父亲则拼尽最后一丝气力,用那粗犷筋凸的臂膀为孩子撑起一片有限的生命天空,这就是人类本性的展现，也是人性光芒的无限照耀。天真烂漫的孩子口衔陶杯不停吮吸，并没有感到厄运的降临。停顿片刻，中年学者的泪水已经模糊了视线：母亲保子宛如清溪绵绵底蕴醇厚深不可测，汇聚激流奔腾不息；父亲护子恰似群峦叠嶂辽远宽广势不可当，平坦舒展力大无穷……

持之以恒的田野考古发掘收获颇丰，惊喜连连，300多处文化遗迹陆续面世。其中在2、3、4号保护棚内清理出齐家文化房址31座，将这些房舍遗迹绘制成平面图像，其中有圆形、椭圆形、圆角长方形及掏柱洞的半地穴式房屋建筑结构。先祖们巧妙地利用这小而简陋的空间营造出视野多角的建筑类型，说明他们充分发挥了超凡的创意才智，生存品质得到了前所未有的提高。房屋内分置有灶膛、壁炉、器座坑和窖穴等设施，置放有石器、玉器、骨器、陶器以及动物骨骼等用品。特别是在室内挖掘窖穴储存物品的现象，充分体现了当时的财产由氏族或家族公有制向个体私有制的转变。伴随着农耕文明拓展的羽翼，族人内心潜在的强烈欲望被逐渐激起，他们懂得了生活情趣的享受和追逐，化形于对器具的造型与雕琢，原始审美意象清晰外露。另外发现47号、52号、56号三座房址内的族人共用一个门前场地的新现象，填补了喇家遗址建筑布局的新视角，冲击着工作人员眼球中那根最敏感的神经——亲情，然而，这种建筑布局或许为华夏民族内敛含蓄的个性形成了心理定式，抑或为后来民居四合院的启蒙架构搭起了借鉴的桥梁。在52号室内的窖穴中清理出5件灼痕排列有序的卜骨，隐喻着喇家先祖对宗教的信仰是生活中不可或缺的精神内涵。特别是56号居室面积很小，内部未置灶膛，一件梅花状石器遗留在室内中央，它的形状类似石质纺轮，或许是一枚杖首的部件。曾经，一位年轻貌美的女子也许用它悠闲地纺线，或者一个满面长髯的族长将它套进杖首……而在门道外北侧集中堆放着6个一触即发的石镞，意味着聚落狩猎的一种强劲信号，青年猎手拉弓瞄准远方奔跑的野鹿，强健体阔的男人拉满弓弦抵御外族……这座小房子的实际功用很可能是一间储物室。更为奇特的是，63号房址分上下两层：上层半地穴式房屋以下层窑洞式房址的南侧墙壁为基础，分别向外扩建了东侧和北侧墙壁，建成了新的居所，这或许启迪了后世楼宇建设的想象力，遗憾的是这处房屋最终被强震碎裂殆尽。

多年的考古发掘终于解开了队员们埋藏在心底的疑惑。他们首次清理出一座竖穴式陶窑，兴奋的泪花打湿了他们的眼圈，他们喉头一阵哽咽，定睛观赏一直在寻找的烧陶载体，它的突然显形打破了原有的思维方式：这是一座由窑室、窑床、火塘、火眼、操作区组成的陶窑。窑室顶部已经坍塌，周边设置了4个火眼，残存的遗迹平面图像为多边形，窑床部分构件大多塌陷于火塘之内，操作区自火塘向东呈开放形状，从火光中仿佛能看到一群汗流浃背的陶工奔波忙碌的身影，他们在熊熊燃烧的蓝色火焰中烘烤制作造型各异的陶塑，滚烫的汗珠里闪烁着晶莹剔透的热情和追求品质的梦想。在喇家聚落，尽管只发现了这一座张开温暖臂膀拥抱今天的陶窑遗迹,却折射出齐家文化陶器烧造技艺的超凡智慧,奠定了喇家遗址首窑的崇高地位。在遗址各个角落遍布着深浅不一的圆形、椭圆形、圆角方形、圆角长方形、不规则形等多种形制的灰坑241个,其中有个别灰坑被先祖们改造成储藏物品的窖穴。此外,遗址四周分布着长短深浅不同的灰沟15条。当人类开始聚集定居,废弃的杂物就如影相随,扰乱了原始的生态环境,降低了人们的生存质量,损害了人体健康的完美状态,为此,自古代开始,人们就一直孜孜不倦地寻找解决污物的最佳途径,营造吉祥洁净的田园景色,而这需要世世代代不懈的努力与探索,更需要付出艰辛的汗水和非凡的聪慧。

2015年的发掘结果表明,在遗址南侧直接暴露于地表呈东西走向、宽约17米的废弃壕沟,其沟口南高北低,南段据地表深3.5米~3.85米,北段据地表深约0.4米,填土层中被F61、灰坑、灰沟、墓葬、地震喷砂层所叠压打破或破坏。遗址西侧的壕沟呈西北东南走向,长约400米,宽约6米,深约1.5米。沟东壁因受地震摧毁呈斜坡状,壁面布满当年挖掘工具遗留下来的痕迹,沟西壁呈梯形,保存较好。喇家聚落总体布局的不断变化与扩大窥见一斑,它暗含着古代中国社会结构的演变,其格局朝着社会组织化和国家结构化方向演进,即区域划分、势力扩张、安全保障、战略防御,为后世国家的形成提供了鲜活的摹本教材。

喇家遗址格局清晰、结构复杂，区域内的不同地方出现了规格不一的墓葬共计10座，从这批金石并用时代的古老墓葬之中透射出难以读懂的层层迷雾，除一座偏洞室合葬墓外，其余均为圆角长方形竖穴土坑单人葬。因当地气候环境、高原土壤条件所致，墓内人体遗骸的骨质粉化程度较为严重。大多数先祖的随葬品普遍量少甚至根本不见，只有个别身份显赫的墓主人陪葬有玉器玉料等遗物。

　　喇家祖先头顶苍穹足踏高地，一路风尘辗转至此，因颠沛流离而紧锁的愁眉就此舒展开来，从此在这里繁衍生息绵延千载。他们创造的遗物涵盖了先民生产生活的方方面面，丰富了古老灿烂的文化内涵。他们彰显情智，竭力塑造了各类石器、玉器、骨器、角器、牙器、蚌器、陶器、青铜器、漆器等1100多件精美的器具。在琳琅满目的各类器具中，陶器尤为见长，它以平底器居多，另有少量的圈足器和三足器。其中器形分为高领双耳罐、双大耳罐、双耳罐、单耳罐、单耳杯、敛口瓮、侈口罐、带流罐、半罐器、圈足盘、器物盖、圆陶饼、陶纺轮以及陶鬲、陶甑、陶盉、陶尊、陶豆、陶盆、陶碗、陶钵、陶盅等多种陶器造型，其中高领双耳罐和双大耳罐最具地域文化表征。特别值得解读的是在37号房内的具有齐家文化特征的釉陶罐，其口沿处的黑色釉胎体由Al2O3（三氧化二铝）含量很高的沉积高岭土烧制而成，经过表面检测，附加在陶器口沿上的条状釉是人为所致，可以推定这件陶器口沿的黑色釉是目前中国发现的最早的高温钙釉，是陶瓷史中最为辉煌耀眼的一页。

总之，喇家聚落被掩埋遗忘长达4000年之久，犹如一部厚重的天书封存隔世，恰逢1981年青海境内考古调查惊现于世。然而，天书中一道道曾经难以破译而又费解的课题摆放在考古工作者的面前，挑战越大，动力越强。他们艰辛耕耘，渐渐拨开了层层迷雾，一段湮灭的历史真相逐步清晰明了。考古队员们初步探解了喇家遗址是一处具有环城壕沟的大型原始聚落，重要遗存主要集中在下喇家东南台地、东北台地和西北台地等区域，对上喇家也作了局部区域性的考古发掘。聚落内分布着极为密集的窑洞式白灰面房址并保存了灾难发生时的原貌，这是齐家文化典型的建筑风格。据学者研究分析，在黄河上游河湟谷地营造的环城壕沟聚落非同一般，它曾经或是一处比较大的部落，或是较小的城邦，或是这一地带的中心聚落，并已具备比较完善的管理系统，离国家组织形式不远。也有学者考证它是夏朝的核心地带，为早期国家雏形提供了参考摹本。对遗址出土的各类文物进行考古类型学研究解析，喇家聚落上下承载的文化特质由马家窑文化、齐家文化、辛店文化乃至汉唐、明清时期遗存所构成，它丰厚的内在底蕴可以和当时中国大地上的任何一种文化相媲美，是华夏文明的重要命脉。

这里要着重表述的是：2000年6月12日，天降暴雨，在田野进行发掘的考古队员们快速躲进村民朱七十奴家避雨，一个队员无意间在她家柴房一角发现一件非同一般的具有人类加工痕迹的巨形石器，大家异常兴奋激动，最终将它征集回来研究考证。经过资料查阅、器物对比、分析论证后，考古工作者们大胆地推测它是一件齐家文化时期的打击乐器——巨形特磬。巨磬采用青石材料裁割而成，形似刀状，长96厘米，宽61厘米，厚4厘米，重35公斤，中上部钻透一圆孔，可悬挂敲击，音质清脆，音色醇厚，声调悠扬，兼有礼乐器功能，在齐家文化中尚属首次发现。这是我国迄今为止在齐家文化中所发现的最大的一件打击乐器，被称为"黄河磬王"。"磬"为古代礼制乐器，古属八音之一石类。用璞玉或美石制成，悬挂架上，以物击之而鸣。《尔雅》云"大磬谓之馨"，说明古磬之独名。郭璞注说"磬形似犁"。在青海省海东市乐都区柳湾原始墓地出土的石磬正是这种造型，而喇家石磬却为刀形。喇家先祖智慧地利用黄金分割法对"黄河磬王"进行测算裁割，这又是一个令人振奋的新发现，既说明先祖们制器时在美感设计方面已做了充分的思考和科学计算，磬的造型和大小并非随心所欲创制，体现了先祖非凡的想象力和创新力，使人钦羡喇家先祖制石工艺的精湛。《淮南子》曰："禹以五音听致。"当时辅臣要见禹论道就响鼓，言义则撞钟，告事便振铎，报忧要击磬，裁决便挥鼗。各种乐器在理政时的功用非常明确，可见尧时就已经建立了以乐理政的形式。金文和古籍记载表明，磬为王室和诸侯专用的重器，"鼍鼓"和"特磬"是社会高层使用的礼乐器，是至高无上权威等级的象征。《尚书·益稷》里"击石拊石，百兽率舞"的记载，生动地描述了远古先民使用石磬的宏大场景。磬的原始音律较为单一，基本音素就是节奏，击磬为乐极为便利，它的音色洪亮、清脆、悦耳动听。既可作礼器，又可作乐器，其地位和作用举足轻重，为原始礼制的形象符号。所以，"磬王"的问世是原始公社步入解体时期的一个重要文化迹象，青海民和官亭一带的齐家文化很可能是一个部族权力的统治中心，国家组织形式初现端倪。国之利器——"利器"出鞘，"国"在何方？它希冀后人倍加努力探索，告慰祖辈的在天之灵！

贰

凝视亘古

原始狩猎

锋利的骨镞在河谷间发出闪电般的"飕飕"响声，一场猎杀行动悄然展开，机警的猎人们肩扛石斧，身背弓箭，手握石矛，隐藏在草丛密林深处等待时机，狡猾的野兽接二连三地迎着飞箭奔腾而来，梗直脖子低挺头颅擦肩而过。猎物有时经过几日乃至几十日也不走近猎人们设计的陷阱一次，甚至故意跟猎人们开着玩笑似的多次从他们的飞箭侧旁擦过，迅速地钻进茂密的森林中消失得无影无踪，不知去向……尽管猎人们接连不断地制出许多长矛，偶尔将长矛刺进使人万分恐怖的巨兽体内，尽管猎人们捕猎的技法十分娴熟，技能十分高强，但经常一无所获，有时哪怕天气极其恶劣也弹无虚发，有时即便条件

图 1 岩画狩猎图 位于青海省海西州天峻县江河乡卢森

图 2 岩画骑马射猎图 位于青海省海北州刚察县泉吉乡立新大队舍布齐沟口

图 3 岩画骑马射猎图 位于青海省海西州天峻县江河乡卢森

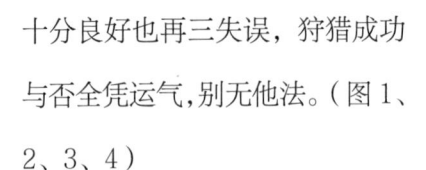

图 4 岩画车猎图 位于青海省海西州天峻县江河乡卢森

十分良好也再三失误,狩猎成功与否全凭运气,别无他法。(图1、2、3、4)

夜半,聚落周围阵阵凄厉的狼嗥声使族人们绷紧了警惕的神经,大家紧张而迅速地聚拢在老猎人的身旁。老猎人望望聚落旁的山梁冷静地说:"大家莫惊慌,莫惊慌,这个季节不会出现狼群,它们大多都是独来独往的,独狼实际上也害怕我们,只要我们齐心协力,就一定能够战胜它的侵袭。"(图5)族人们顺着老猎人指引的方向望去,透过蒙蒙的夜色,一匹伫立昂首、朝着天

图5 岩画独狼图 位于青海省海西州天峻县江河乡卢森

穹冷月嚎叫的土狼剪影阴森恐怖。老猎人环顾四周,自豪地问:"你们知道吗?只有听到悠长、缠绵的狼族哭嚎时,这个夜晚挂在天穹的冷月才会更加美丽,就如今夜一样,皓月当头,清辉普照,这是大自然永恒的法则。"族人们面带钦佩的目光望着博学多识的老者,心安地微闭双眼,双手合十于胸前,祈祷上苍的保佑。老猎人遥望远方,继续他的传授:"在一次野外捕猎时,我见过一只花鹿,神情惶恐,四处张望,它周围的群鸟突然四处惊飞,心中暗想它们背后一定会有猛兽伺机偷袭,果然不出我所料,猝然,从树丛中蹿出一匹硕大健壮的野狼朝它们疯狂扑来,其后紧跟着两匹,再后又有四匹,这七匹饥饿难忍的野狼瞪圆血红色的双眼,口吐寒舌,龇牙狰狞,透露出阴森森的杀气,它们奔跑的身影敏捷如闪电。只见头狼凶残地扑向可怜无助的花鹿,花鹿极其敏锐地猛然调转方向,躲过了头狼的饕餮利爪……当时的我被吓出一身冷汗,浑身战栗地匍匐在干枯的荆棘丛中,透过缝隙窥视

图6　狼与鹿纹骨管饰　1976年出土于青海大通上孙家寨墓地　卡约文化

着与狼为伍的惊险，那匹头狼最终放慢了急促的步伐，灰头土脸地望着远离的花鹿。躲避凶险的花鹿攀上一座山包，挺起矫健的身躯骄傲地高昂头颅，回眸穷凶极恶的狼群，无奈的头狼垂头丧气地率领着其他野狼渐渐消失在一片灌木丛中。"（图6）大伙听完这段精彩的讲述，暗暗庆幸老者侥幸地躲过了这次群狼的攻击，这是他的天命啊！

穹庐之下，看似孤寒清冷的广袤峡谷里潜藏着无数的生灵。一只

图7　岩画牦牛图　位于青海省海南州共和县切吉乡中布滩

图8　岩画牦牛图　位于青海省海南州共和县切吉乡中布滩

图9 鹿纹彩陶罐 1980年出土于青海循化啊哈特拉山墓地 卡约文化

图10 鹿纹彩陶壶 1978年出土于青海民和核桃庄小旱地 辛店文化

图11 鹿纹彩陶壶 1992年出土于青海乐都双二东坪墓地 辛店文化

翱翔的鹰隼鼓动着强劲的翅膀箭一般直冲云霄；串串清晰可见的类似梅花状的雪狐足印遗留在陡峭的山崖上；几头黑色的野牛摇摆着球状的尾巴朝着天边远去（图7、8）；一群浑身斑点的花鹿如闪电般奔突在原野之中，它们撞见异类时就好像看到了恶魔般惊恐万状飞奔远方，待远离之后才停步回头张望，鹿群确定异类尚无恶意时便会派出一只警觉的雄鹿观察其动向，一旦发生险情就会立刻朝着更远的方向散去（图9、10、11、12、13、14）；一群群白色的石羊在草原中悠闲地啃食，其中有一只发情期的奶羊性感十足地摇着尾巴（图15）；一只受惊的飞鸟落在一只肥硕的老鼠头上，老鼠驮着它一同快速地朝鼠穴飞奔，当它们临近窄小的鼠穴时，鸟儿紧裹翅膀贴近老鼠与之融为一体，

图12 鹿纹彩陶片 1990年出土于青海乐都双二东坪采集 辛店文化

图13 岩画双鹿图 位于青海省海南州共和县切吉乡中布滩

图14 岩画单鹿图 位于青海省海南州共和县切吉乡然呼曲村

图15 岩画独羊图 位于青海省海西州天峻县江河乡卢山

图16 羊纹彩陶罐 1980年出土于青海循化啊哈特拉山墓地 卡约文化

图17 羊纹彩陶罐 1980年出土于青海循化啊哈特拉山墓地 卡约文化

图18 羊纹彩陶罐 1990年青海乐都双二东坪采集 辛店文化

图19 羊纹彩陶片 1990年青海乐都双二东坪采集 辛店文化

尽量缩小它们的体积以便顺利钻入洞穴；岩石旁惊醒的灰兔从梦中猛然跃起痴呆呆地盯着庞然大物的异类，惊慌失措得像一尊雕塑伫立凝固在草丛之中……

一枚残忍的箭头带着清脆的哨声穿透了奔跑的羔羊的胸膛，它奄奄一息，尚未断气，倒在血泊之中，睁着失神的大眼凄惨地哭泣。不远处奔来一只焦急的母羊，围在它身旁来回打转，不停地嗅来嗅去，发出颤抖绝望的"咩咩"呼唤，那是一个母亲肝肠寸断撕心裂肺的悲泣，它那气绝而揪心的悲号像雷电一样划过寂静的天空。几个紧追不舍的猎人狂奔而来，噙满泪水的母羊傲然挺立坚守在血泊中的羊羔身旁，它怒目圆睁，死死地盯着眼前凶残无道的另类，遽然低头弓背、后倾蹬腿朝他们猛力撞击，猎人们被这突如而来的举动搞得惊慌失措，措手不及；躲闪锋芒，趁机合围，大家并肩作战，最终将愤怒的母羊击倒在地。（图16、17、18、19）

傍晚时分，劳作了一日的猎人们来到滔滔的黄河岸边绕篝火而踏歌。其中，一位猎手抱着大号的粗陶鬲舀满黄河水安放在三块鹅卵石上，随后抱来干柴塞入鬲底滑动火石点燃。另一个猎人手握锋利的石刀剥离一只野兔的皮毛后放置火上烧烤，瞬间，空气中弥漫着股股油脂滴落火中燃烧的焦香味。野兔是人们最容易猎取的食物，也许是因为吃得太多，他们一旦遇见活蹦乱跳的野兔，胃里就会跟着翻江倒海，人类毕竟缺乏狼的胃口啊！还有一个猎人已将收拾干净的石羊剔骨削肉，从野地里拔来许多馥郁芬芳、野味冲鼻的野葱、野蒜和野韭菜倒入鬲内。熊熊烈火包裹着鬲体奋力燃烧，不一会儿，羹汁沸腾，"咕嘟咕嘟"地冒着气泡，飘出诱人的肉香。大家头顶月色，打开一罐封闭的自酿土酒，围坐在熊熊升腾的篝火旁，分别手持骨刀、骨匕、骨叉、骨勺和骨锥，开始挑剔啃食尚未熟透的块块野兔烤肉，争先恐后地从陶鬲内抢食大块血色尚未褪尽的开锅羊肉，就着一根根野葱、一瓣瓣野蒜和一把把野韭菜，咀嚼着半生不熟而鲜嫩无比的羊肉，举樽把壶大口灌着土酒，畅饮着稼穑之精华，饭餐肉酪之美食，嘴里发出"嗤嗤"的欢快响声。透过火光，隐隐看到猎手唇齿间淌出淡淡羊血羹汁……酒是猎人们燃烧的激情和奔涌的血气，有了火，有了酒，有了银色的月光，河谷之夜便不再有寒冷和寂寞。当几罐烈性土酒与几只烧烤野兔及烹煮的羊肉下肚，猎人们的嘴唇上糊满了厚厚一层凝固的羊油，他们面露几分满足的醉意，打着嗝摇摇晃晃倚靠在大树下合袍而卧，枕着黄河"哗哗"的涛声进入甜美的梦乡。

一只饿极了的雪豹寻着肉香气味迈开轻微的脚步谨慎地匍匐前行，它盯着大号陶鬲轻轻地伸出前爪，"扑通"一声闷响，陶鬲连羹带汁从鹅卵石上滚落下来，鬲足破碎，羹汁泼洒，惊醒了梦中的猎人，他们猛然起身循声张望，惊恐的雪豹眼冒寒光与狡猾多谋的猎手对峙，缓缓地略退几步伺机逃遁。人们缓过神来，纷纷盯着它猫腰后退的姿势，快速抄起身边的长矛掷去，雪豹机灵地闪过尖锐的矛锋，一个箭步跨进茫茫的夜色之中。大伙儿被眼前惊险的一幕搞得醉意全无。捋着白髯的长者望着雪豹逃离的方向深深地感叹："唉，又让它逃掉了！多年前，我在势如巨蟒的昆仑余脉下，有幸遇见一只蹲踞在雪线嶙峋的花岗岩石上的银色雪豹，它喜欢昼伏夜出隐蔽在杂乱陡峭的岩石中，有人说它是黑夜的行者，也有人说，白昼才会彰显它斑斓的风采。这种像猫一样的动物尤其聪明，经常占据绝佳位置由高处随时伏击猎物，它利用自己长长的尾巴保持着身体的平衡，从一块岩石跳跃到另一块岩石，爪底发出窸窸窣窣微弱的声音，假如踩松一块石头，都会迅速伸出一只前爪将石头摁住，阻止滑落发出声响。在银色光芒的空旷夜晚，冷辉洒在它那灰白色的皮毛斑点上，看到自己被冷月照射的黑黑长长的身影，它舔了舔自己前爪上的皮肉，越发不可理解这是个什么怪物，始终形影不离地跟随着自己，久而久之，它从惊恐中慢慢适应、接受了这一自然现象。雪豹一旦嗅到充满诱惑的血腥味时，定会瞄准目标，凭借外部环境进行巧妙伪装，一场凶残的杀戮角逐帷幕即将拉开，它

会谨小慎微悄无声息地逼近猎物，然后突然袭击，火速猎杀……"（图20、21、22）

　　晨风从树梢上袭过，猎人们追寻着雪豹的串串足印来到黄河岸边的沙滩上。这片沙滩遍布着野牛、黄羊、狍子和追逐野兽的剽悍猎人留下的宽大脚掌印。一个姿态蜷缩倒地而亡的女人袍衫破碎痛苦万状，血肉模糊的脖颈凝固着两个小窟窿，其间距与雪豹牙齿咬合相吻，她一定是被雪豹一口咬断了喉管血流喷溅气绝身亡。她的周围全是豹子踩踏的凌乱而殷红的爪印，猎人们仔细察看，发现雪豹肥厚的掌心周围排列着四趾，踏出的印迹好似梅花瓣儿一样耐看。白髯长者匍匐在地手摸爪迹细心判断，认为这是一只不露利爪的成年雪豹，顿时，他眼前似乎展现出雪豹强劲肌肉里暗藏着的闪电般的杀气……猎人们每日详细观察这些横七竖八各种动物的足印，是为了给族群一天的食谱做好前期的准备铺垫。这时，一个猎手突然发现一种从未见过的巨怪脚印，使猎人们从

图20　岩画豹子图　位于青海省海西州格尔木市郭勒木德乡昆仑山脚下

图21　岩画豹子　老虎　狐狸　牦牛图　位于青海省海西州天峻县江河乡卢森

图22　岩画豹子与射虎图　位于青海省海西州天峻县江河乡卢森

空气中嗅到一股不祥的气息,他们不得不赶快离开这多事之地。

　　形状怪异的枯树杈上蹲踞着一只孤傲的身披棕色羽毛的雄鹰,发出的尖厉叫声钻透峡谷,吸引着猎人们循声仰望。它那深邃的红眼珠里直射出的犀利寒光,可以洞察到空旷原野的分毫变故。它搜查到远方的猎物目标,使足劲伸展双翅腾空而起扶摇直上刺破天穹,一个急转弯朝西方俯冲而下,猎手们随之遥望,西边的天空中已经有两三只雄鹰在盘旋,蓝天之下定会有它们想要得到的猎物,有经验的

图23　鹰纹彩陶罐　1988年出土于青海化隆上半主洼墓地　卡约文化

图24　鹰纹彩陶罐　1978年出土于青海大通上孙家寨墓地　卡约文化

图25　鹰纹彩陶片　1990年采集于青海乐都双二东坪墓地　辛店文化

猎人往往会目测雄鹰捕猎的线路,快速寻找各自猎杀的目标。此刻,天际中又款款飞来一只雄鹰,随即消逝在极高极远的宇宙苍穹。

　　雄鹰在猎人的心目中是蓝天的精灵,它飞翔的雄姿是先祖视野中最令人着迷的景致,它总是那样神奇地翱翔着,那盘旋在天穹上的精魂吸引着无数有缘或无缘踏上高原的族群。在禽类中,它的寿命最长,是先祖们生死轮回的企盼。它的生命过程暗藏着玄冥的禅语,超脱了

灵魂的漫步，仿佛呼唤着神灵将亡魂送往遥远的天国。（图23、24、25、26、27）

一曲悠扬悲怆的鹰笛如泣如诉，猎人们沉静若思，每个人的脸上都布满了惆怅。白髯长者若有所思地从怀中掏出一只鹰纹骨管："你们见过这个东西吗？看看这上面雕刻的四只鸟儿与天空中翱翔的雄鹰是多么相似哟！只是它们嘴里都叼着一条长蛇，大家知道雄鹰与长蛇是什么关系吗？"（图28）其中一个青年猎手抢先说："我知道，鹰是蛇的天敌，蛇是鹰的猎物。"老者哈哈一笑，说："年轻人，你说得没错，但这仅仅是鹰蛇关系的一部分，其实我们的先祖很早就认识到雄鹰是一种猛禽，它那种搏击千里

图26 鹰纹彩陶片 1990年采集于青海乐都双二东坪墓地 辛店文化

图27 行列式鹰纹与虎逐牛青铜牌饰 1976年出土于青海大通上孙家寨墓地 卡约文化

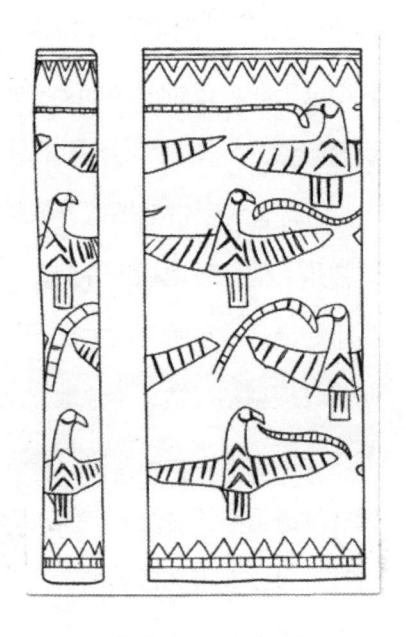

图28 鹰啄蛇纹骨管 1976年出土于青海大通上孙家寨墓地 卡约文化

凶猛神奇的形象引起族人们的瞩目,并奉它为神灵崇拜的偶像;它面对强劲的天敌和猎物,敢于以命相搏,那种奋勇直前的胆略被先祖们视为原始图腾的选择对象;它因为具有光明、阳刚、与黑暗搏击的特性成为族群心目中的天神,庇护族人的安宁祥和。鹰代表着人间的正义,蛇则代表着人间的邪恶。蛇那种怪异阴险的外表包藏着狡诈恶毒的迷惑性,极大地威胁着人类的生存,它因为具备阴暗、灾难、死亡的特征使先祖们产生极为强烈的恐惧感并将它列入邪恶之神。面对猎物,它采取伪装诱惑的手段猛然偷袭缠绕,置其于死地;面对角逐纷争的天敌,它会不断地变换体色迷惑对方,使其产生错觉,为自己逃脱创造条件。它那阴险的伎俩被人们赋予为远古图腾的象征。"大家听后频频点头,并流露出钦佩的目光。

　　白髯长者爱惜地擦拭着细腻圆润的骨管,焦黄柔和的光泽令他心旷神怡。他细致地端详片刻,忽然发现管面上鹰纹图案沾满污迹,于是小心谨慎地从骨管内抽出一根精致纤细的骨针专心致志地顺着图像阴线纹理剔刻污渍,不停地擦拭管面上的污垢。他的举动引起了大伙的关注,一个猎手问他:"老翁,这个精美的物件是从哪儿来的?"白髯长者语重心长地说:"这是成人礼那日,我爷爷送给我的纪念物。他曾经说过,在很久以前的黄河西南方向有一支古老的部族,对展翅飞翔在蓝天上的雄鹰非常崇敬,认为它是居住在通往天界神树上的神灵,具有与天、地、人沟通的魔力。巫觋要使众人信服自己的神秘力量,就必须转换成某种神性动物的后裔，以此增添自己新的玄奥神性，所以巫觋认为雄鹰是自己的父亲，是太阳与光明的象征，久而久之也变成了人们崇拜的神灵形象之一，并且以雄鹰作为自己部族的原始图腾。这支族群为了彰显它那果敢敏捷、搏击长空的天性，用紫红色的矿物颜料将高傲的雄鹰形象描绘在陶坯上（图29），镌刻在兽骨上，刻制在房舍的门楣上或是雕刻在聚落广场的图腾柱上，抑或凿刻在峡谷的山岩崖壁上。总之，这一区域的族群对雄鹰的敬重达到了痴迷的状态。"一个年少的娃儿挺颈拱背两臂伸展，模仿雄鹰飞翔的姿态在大伙面前调皮地蹿来蹿去，忽然他的皮裙脱落，黝黑的屁股裸露在外，随之绊倒在地，引得大家哄堂大笑。老者望着他那窘迫逗趣的样子，笑着说："你的样子哪里像一只雄鹰？更像一个战败的俘虏嘛！这样子使我想起爷爷曾经讲过的一段故事，他说离我们很远的西北方向，有一个叫不上名字的两河流域，生活着许多古老的部族。几百年前，那里发生过一场残酷而激烈的族群争斗，经过长期的惨烈血拼，最终一位骁勇善战的斗士赢得了众人的推崇并奉他为地域的保护神和战神，人们为他树碑立传，在石碑上雕刻出他的英雄形象，还在他的手臂上精心雕琢了一只傲视苍穹的雄鹰。由此可知，在无限苍茫的蓝天之下有许许多多古老的族群都认为自己是某些神异动物的后裔，并以这些

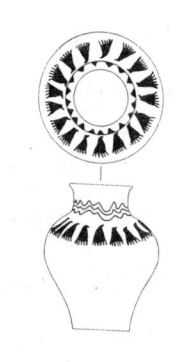

图29 鹰纹彩陶壶
1995年出土于青海同德宗日遗址 宗日文化

灵性动物作为自己崇拜的图腾。"那个光屁股娃儿爬上一棵大树，伸颈眺望紫色的山岚，大声喊道："天快黑了，还不下山吗？"

猎人们的劳作经常是早出晚归披星戴月，爬不完的山路涉不尽的溪水，头顶骄阳夜卧山丛，他们是族群中最优秀的组合。猎手们各自收拾行囊，扛着狍子，拖着野猪，拎着山鸡，提着肥獭，哼着山曲，沐浴霞光，朝着聚落的方向凯旋。

窑洞里的壁炉闪烁着点点星光，一家人围着火膛啃食野味，谈笑着白日的趣闻。突然，一个娃儿指着洞顶大声惊叫："快看！那是啥？"大家顺着他手指的方向瞧去，一条长虫蜿蜒攀爬，父亲猛然跃起，掐住长虫的七寸，悬空狠甩使虫体脱节，随后将其抻直架在灶膛上烧烤，片刻，油渍滴落在蓝色的火苗上发出"嗤嗤"的炸响，满屋飘荡着馋人的香味。父亲说："娃儿，别怕，过来尝尝，很好吃的！"娃儿瞪圆惊恐的大眼睛，畏缩在母亲身后，盯着烤焦的长虫直摇头。坐在一旁的白髯老翁，花须上沾满了油渍，笑容满面地说："别说他怕长虫，很多人看到长虫的外形都会浑身发麻。尤其它周身花纹的迷惑性和袭击手段的恶毒令人望而生畏，它一旦瞄准小猎物就会突然攻击，释放毒液将其吞食，遇见大猎物就会利用自身五百块转动自如的脊椎骨，将躯体缠绕在猎物身上紧箍收缩使其窒息死亡。长虫也叫蛇，蛇族的演化历史十分久远，其种类繁多，始终伴随着先祖们前行的脚步。有一种'响尾蛇'很有意思，它能利用尾巴上的响尾环节相互摆动、相互碰撞发出很响的'嗡嗡'声。还有一种雄性游蛇极为霸道，它与雌蛇交配后，会在雌性的泄殖腔里浇筑封堵一种蜡白色的凝固液体，造成这条雌蛇不能再与其他雄蛇进行交配，它的这种奇妙绝伦、独霸自私的交配技巧令人叹为观止。"娃儿的母亲瞪大双眼挺起凹凸有致的腰身急切地追问："天下还有这种怪事？多亏了老天没给你们男人这种霸道自私的本领，真是万幸啊！如果你们也有这能耐，那么，天下的女人们岂不就更加痛苦，更加无聊，连一丁点儿乐趣也没有了吗？""哈哈哈！孙娃儿娘莫忧伤，这世上千奇百怪，无所不有啊！凡是人们能够想到的现实中都会存在。譬如，我们的祖先起初过着群居群婚的生活，族群一步步繁衍到今日却发展成以血脉为家族的基本单元。男人由于生理体质的优越逐渐成为家长，女人渐渐退出统领的舞台，落到从一的地位，这与蛇的自私独霸特性有着何等地相似之处啊！因为蛇具有能上天能入地、能日行能夜游、能加长能缩短、能增粗能收细的天性，极似男人的阳具特征，所以它一直兼有阳刚霸气和无上权威的双重属性，被视为男性生殖符号的崇拜图腾，也是父权制的象征。先祖们联想到蛇旺盛的生命力和死而复苏的神秘机能正好符合人们期待长寿与轮回的愿望，为了繁衍与传承，他们崇敬地将蛇这种灵物模样巧妙地采用浮雕手法纵向捏塑在彩陶壶上，猛然看去，陶壶的肩腹部攀附着一条活生生的、蜿蜒凸起、形象逼真的游蛇，极似一触即发、不能小觑的男性阳物。（图30）匠人们调和黑红双彩的矿物质颜料，在陶坯

图30　捏塑蛇形彩陶壶（民间收藏）　马家窑文化

图31　盘蛇形铜镜　1976年出土于青海大通上孙家寨墓地　卡约文化

的肩腹部一气呵成，绘制出四大圆圈蛇形旋纹，从蛇头部开始起笔，顺时针向外一圈圈扩展，最终形成以蛇头为中心、由内而外圈圈紧扣的旋涡纹样，恰似一条盘旋在母亲胎盘中期待出世的小蛇。（图31）西羌族人手捏锋利的小石叶在鹰腿骨上划刻出鹰叼蛇的连环图像，雄鹰的睿智翘楚与长蛇的诡异怪变形成了鲜明的对照，而这支骨管上鹰叼蛇的形象则预示着正义与邪恶的抗衡。高原游牧民族手握尖锐的石楔，在人烟稀少的岩壁上凿刻出捕捉气味、昂首吐信、袭击猎物的盘蛇姿态。后继族群中的智者们以蛇的真实形态为范本逐步简化演绎出许许多多不同的纹样，诸如波状纹、云雷纹、叶脉纹，分别以蛇的爬行姿态、盘曲形状以及蛇身花纹为摹本，创造出的这些纹样都与蛇崇拜有关。神秘本是一种诱惑，而具有恐怖色彩的神秘则是一种更大的诱惑。在这古老的大地上,有许许多多与蛇文化相关的神话传说经久不衰,其中,母神女娲就是以人首蛇身的形象传遍大江南北的,隐喻着繁殖强盛生生不息。指代北方的'玄武'神形象则以龟蛇组合相互缠绕的姿态构成,它的塑造暗含着大禹父母你中有我、我中有你的深厚情感,亦是古老爱情的标杆与象征符号。"

娃儿的母亲会意地点了点头说:"那为何有人把蛇又叫作龙呢?""在崇蛇先祖的眼中,蛇不仅是繁衍子嗣的灵物,而且还有诸多好听的名字,比如'苍龙''天龙''家龙'等等。"娃儿母亲反问道:"蛇与龙又有啥关系呢?""哈哈哈哈!孙娃儿娘,这个问题说来话长啦,其实我们的先祖对蛇的崇拜由来已久,蛇的天然本能酷似男根,激发了先祖的想象空间,衍生出虚无繁缛、宏大神秘的华夏龙形象,这是对蛇生命力的创造描绘与夸张,所以在龙的神话传说中,一直都暗喻着阳刚霸气威猛苍凉的男性气概,龙图腾永远是高贵的男性象征。之后,被人们崇拜的神灵大多具备蛇或龙的身躯,蛇逐渐被神化为龙,成为众多古老族群的信仰。"

娃儿父亲疑惑地问道:"多年前,我曾到过一个很遥远的地方,奇怪的是,在那里看到了和我们长相完全不同的人也供奉着蛇神。""是啊,虽然隔着千山万水,但有很多地方都对灵蛇产生敬仰,有关蛇的神话传说也是各有各的理解与特点。比方,在一片茫茫汪洋的东方大陆,居住着以狩猎为生、与我们长相较为相似的人群,他们古铜色的肌肤略微偏黄，凭借着高大健硕的身材，野外生存能力极强。那里天气炎热，各种各样的蛇神出鬼没，既危害他们的生命，又侵扰他们的生活，那里的人既怕它又敬它，因此把它奉为保护族群的神灵，并以它为本部族的图腾。在我们居住的西北方向，也有和我们长相不同的高鼻梁深眼窝、黄头发白肌肤的人群，他们同样受到蛇的侵害，以同样的心理尊崇它为日神。横穿我们这片大陆跨越大洋的西方，有两个上下古老的王国，下王国弟弟时刻觊觎着上王国哥哥的王位，他绞尽脑汁使足阴谋手段，终于杀死了自己的哥哥篡夺了王位。下王国以代表邪恶、灾难、黑暗、死亡的蛇为图腾，因此弟弟被人们视为邪恶与灾难的化身。上下王国磨难重重，战事连绵，经过多年艰苦的对决，最终形成了统一。夺位的弟弟将两个王国的图腾融汇在一起创制出新的王权徽章，还在王冠上镶嵌一条蛇的造型作为守护神。在美丽丰饶的大河三角洲之上，

图 32 鹰搏蛇金牌饰 埃及图坦阿蒙法老金字塔 公元前 1352 年

国王带动子民开凿石材，垒起像山一样庞大的四边尖顶形建筑，并在石建旁精心雕凿一座巨大的兽身人面石像，石塑头部王冠上也雕琢了一条形象逼真的蛇，隐喻着以神兽来保护这座庞大的石质建筑。它至今还屹立在大河岸边。""噢，是这样啊。"娃儿的父亲似懂非懂地点了点头。（图32）

鸡鸣声叫醒了宁静的聚落，灶塘里的火不知何时已经熄灭，陶甑内的羹汁也不知何时与兽肉兽骨浸在一起，形成了一块完整酱紫的皮冻，一家人揉着惺忪的睡眼，打着哈欠，伸着懒腰合袍而卧……

原始信仰

　　4000年前某个风高月清的傍晚，黄河上游的一个角落烟雾缭绕，篝火升腾，先祖们无比陶醉地扬起通红的面庞吟起来，舞起来，像山野中的云雀般高歌引吭，粗犷豪迈的曲调傲然迤逦，充溢着河谷里浓浓的花香和青青的草腥。他们的心房似触电一样战栗，一次次张扬着臂膀，轻轻地亲吻着故乡的土地，尽情挥洒心中的愉悦。满脸童真的孩子们仰望天穹数着最大最亮的星星，英俊魁梧的部族少年雄姿飒爽，美丽动情的族群少女妩媚羞涩，白髯飘逸的部落老翁席地而坐拨弄天弦……族人们从黄河岸边的各个角落赶赴这场空前的祭祀，星星点点的火把汇聚成条条飘动的火龙，点亮了天边的云霞。几个纹面的人颈佩狼牙，身裹熊皮，手执豹尾，缀饰胸前的玛瑙、珊瑚、绿松石宛如闪烁的星辰熠熠生辉。这是一个让心灵驰骋无羁的峡谷，这是一个让企盼展开翅翼腾飞的峡谷，这是一个生生不息、充满各种欲望的峡谷。

从悠远的旷野中传来一支雄浑悲凉的旋律，跌宕着神秘而又铿锵的前奏，似乎倾诉着先哲的冥冥智语，使人嗅到来自亘古沧桑的懵懂，好像有位神灵拨动着玄奥的琴弦，并将这触动心灵的天籁之音填满族人的心房。节奏整齐的鼓角连接着天地、神灵之间的情感纽带，频频传达出人间的疾苦与甘甜，祈祷上苍的庇护和保佑。喃喃细语转为铮铮鼓号从河岸密林中扩散，族人们得到神灵的福祉，欢欣鼓舞。高低攒动的身影在火光的映衬下前后跳跃，宛如珠链环绕内外层叠，中央草木堆火，火星四溅，发出"噼里啪啦"的炸响，熊熊火焰将墨蓝色的夜空照亮。一群群族人随着节拍举臂高呼，拍手跺脚，他们手攥树棍相互碰撞，他们手握石块相互叩击，吼叫震天，哨音刺耳，一片乌烟瘴气、极为混乱的嘈杂声响彻旷野，渐渐地融汇成同声同奏的旋律。

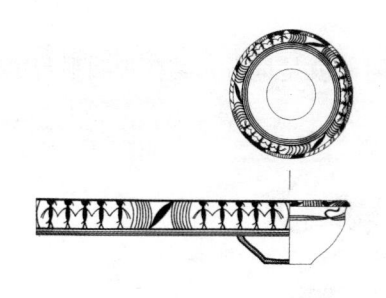

图 33　舞蹈纹彩陶盆　1973 年出土于青海大通上孙家寨墓地　马家窑文化马家窑类型

图 34　舞蹈纹彩陶盆　1995 年出土于青海同德宗日遗址　马家窑文化马家窑类型

于是,最原始的节拍与节奏便在这种自然状态下诞生了。人们踏着铿锵的舞步陆续登场,高呼呐喊,面露狰狞,挤眉弄眼,诙谐逗趣;另一群人则手舞足蹈,随意地相互交叉击掌,自然而然地手拉手、肩并肩,里一圈,向外一圈再一圈,圈圈紧扣、环环相绕的即兴舞蹈——最原

图35 舞蹈纹彩陶盆、罐 出土于甘肃 马家窑文化

图36 舞蹈纹彩陶片 出土于两河流域 1、2、3哈拉夫文化、4欧贝德文化

始的礼仪问候与群体舞蹈就此形成。(图33、34、35、36、37)火焰之上,苍穹深处,繁星剔透,自娱自乐的狂欢舞早在千年之前就已兴起,喇家先祖只是继承者,每一次狂欢都使族人们的心灵深处产生一种穿越时空、横跨亘古、与天籁默契对话的神秘感受。下弦月垂挂在西方的山脚,启明星闪烁在东方的黎明,天空渐渐泛白,睁开了凌晨的媚眼,人们又迎来了新的曙光。

据此推测,原始舞乐的萌芽很可能就是远古人类在长期艰苦生存

图37 岩画环形舞 云南沧源 公元前后

中获得食物和性欲冲动时一时的激情宣泄,并将这种愉悦体验积累完善、演化传承,慢慢形成较为规范的同祝系统,由此逐步上升到礼仪、法度、庆典等高度,为人类的文明开化、教化铺就了前期的路途,为后世的国家组织机构、国家礼乐形制、国家典礼仪式奠定了雄厚的文化基石。因此在《尚书·尧典》中有一段"帝曰:'夔!命汝典乐,教胄子,直而温,宽而栗,刚而无虐,简而无傲。诗言志,歌永言,声依永,律和声。八音克谐,无相夺伦,神人以和。'夔曰:'於!予击石拊石,百兽率舞。'"的精彩记载。

　　高大祭坛中央圆木架上悬挂着的巨大石磬奏响了黎明前的序曲,清脆悦耳的响声在峰谷山梁间盘绕,崖豁口的旌旗在晨风中飘摇,一位身材精瘦、双眼蒙眬的女巫,头戴鸟胜,满面雕青,手持法器,在祭坛顶部跳来跳去,做出许多怪异的高难动作,神色忽明忽暗,不时口言妙语,传递出迷狂无限的未来信息:抑或一次天地祭拜,抑或一场天灾降临,抑或一回部族打斗,抑或一波狩猎行动,抑或一种稼穑庆典。黑压压的一片族群跪拜在祭坛四周闭目倾听着她的教诲,不知过了多久,篝火渐渐黯淡,燃烧的灰烬被风吹散,绿色的火苗弥散在高空,似乎连同族人的虔诚期盼一起升入天堂。磬声时时远去,隆重的仪式随着巫婆的秘语而结束。人们缓缓起身,双手合十于胸前,仰视苍穹,仿佛女巫的预示还萦绕在耳畔,似乎人人都得到了神灵的默许和庇护,脸上洋溢出无限的快意,内心充满着无比的慰藉。她的密语熨帖着族人的心田,触摸着族人的体温。

"一只叼着长蛇的鹰隼翱翔在蓝天上,迎面遭遇两只同伴的拦劫,为了躲避围攻,它机智地抛弃长蛇迅速飞远……一个巨大的钩喙朝自己猛啄扑来。"大惊醒来的巫婆浑身冷汗感应不祥,急忙起身观望天象而大颤,快速将梦魇向族长和盘托出。族长瞪大眼睛愣愣地望着表情紧张而恐慌的巫婆感到蹊跷。"族长,梦魇显灵,天降凶兆,劫数难逃,定数难衡!""啊?不会吧?"族长狐疑的表情惹她大怒:"日前陌人出入,聚落周围有伴动迹象,密林惊鸟群飞,山野火光闪动,种种迹象皆神灵预兆,早作谋算。"族长的神情从忧虑变得惶恐,思谋半晌,惊惧重重地问:"上师,有破解之策吗?"巫婆沉默良久,凝神皱眉,拔高腔调朗声道:"流星划过,必有一灾!召集族人!"

女巫紧握石棒快步奔向祭坛叩击巨磬,随之鼓号擂鸣,短促而清脆的石磬和着雄浑高亢的号角警示着每个族人,召唤着聚落里制器的老人们、旷野中采摘的女人们、山谷间放牧的孩子们、河岸边渔猎的男人们,他们匆匆忙忙像潮汐一般涌向广场周围。

"上苍托梦显灵,预兆近日战事,族人们,为了水源,为了草场,为了部族,为了女人,为了孩子,誓死捍卫!"肃穆庄严的女巫带领着人群双手合十举过头顶向上苍祈祷,她那低沉锋利的嗓音震响着族人的耳膜……

燃烧的晚霞映衬着浑浊的河面,遥相呼应的两岸崖顶狼烟四起云雾缭绕，聚落里击鼓鸣号，将士们集合出征，环壕四周率军布阵前后层叠，马背群雄戴盔披甲精神抖擞，昂首伫立目视远方严阵以待。他们肩扛石斧手持石矛，臂甩抛石拉满弓箭，腰插骨匕攥握石锛，一支携老带幼驱赶牲畜的队列朝着深山行进，一匹高大英俊骨架健硕的烈马，透射出一股威猛的杀气。刚毅潇洒的族长挥舞皮鞭勒紧缰绳，战马高抬前蹄腾空昂首长嘶，黑色的鬃毛随风飘荡。军阵列前旌旗招展，鼓角争鸣呐喊震天，斗志昂扬的精神喷涌而出，排山倒海的气势滚滚而来。雄心勃勃的族长眺望远方，山峦起伏河水滔滔，突兀奇伟的悬崖裂谷雄浑苍茫，疾驰的蹄声叩击大地响彻云霄，铺天盖地的战马从地平线上呼啸扑来，蹄足扬起弥漫的黄沙笼罩莽莽天际，一道绿色的寒光穿透云霞直刺眼眸，奔突在最前锋的勇士手执圆銎宽叶倒钩青铜巨矛朝喇家阵营挥刃冲杀，紧随其后的士卒前仆后继奋勇拼刺。

面对来势汹汹的外族，喇家勇士猎猎大纛飞卷征袍，摇旗呐喊催马征战誓死搏杀，一时间，峡谷上空震响着鼓鸣声、击磬声、号角声、厮杀声，声声尖厉，经久不绝……历经几个时辰的拼死搏杀，天宇挂满了寒冷的星斗，山谷水涧刀光剑影，夜风凛凛尸横遍野，漫天血腥哭嚎戚戚。战士们顽强抵抗血卧疆场，阻挡了野心勃勃无比凶残的侵略者一次又一次疯狂的进攻，斗士们望着外人丢盔卸甲纷纷逃遁的败象举臂欢呼紧追不舍。身负重伤的族长环顾着惨烈厮杀一片狼藉的战场，不远处年轻羝儿身首分离，头颅被咕噜噜地抛到河边，双目圆瞪凝视着

图 38 岩画角斗图 位于青海省海西州天峻县江河乡卢森

北面的家乡。目睹伤亡过半视死如归的勇士们，他仰天长叹："斗士们，让我们永远铭记这惨不忍睹的侵略场面，记住这些为了部族的利益而英勇牺牲的族人们，他们永远值得我们敬仰与怀念，让我们祈祷这些永别了的所有亡魂能够进入天堂，在时空中自由翱翔，期待我们这些活下来的人们怀揣自强不息的梦想，实现壮大崛起的夙愿！"族长站立在环壕阵营前强忍着疼痛，久久地凝视着远方，面前的一切似乎突然定格在黄河两岸。他翻身上马托缰扬鞭飞奔岸畔，俯视流动的血色河面，眼前浮现出先辈们马背雄风的豪迈气概！沿着黄河岸边纵马狂奔，蹄下火花四溅，心中充满着狂野般的自由与豪情，纵然前方有万丈深渊，他也会拼命地向前奔驰。硝烟弥漫的战场消失在他的身后，他屏息凝神，静听远处传来的阵阵狂吠，夜晚的天空星光灿烂，夜晚的大地一片苍凉，黄河在做梦，族长也在做梦……（图 38）

骄傲的喇家勇士终于取得了丰硕的战果，促使外族人放弃了侵吞的野心，确保了喇家聚落的安宁，他们又回到了祥和的日子里。

雄鸡报晓掀起黎明前的黑幕，旭日下缕缕炊烟在窑洞式和半地穴式屋舍上空悠然荡漾，灰白色的烟雾缭绕山脚，层峦叠嶂泛出橙黄色的韵律。鸟儿在空中时而高飞时而降落，相互结伴嬉戏追逐。黄河岸边几位魁梧雄壮的汉子手持树杈在滔滔河水中上下左右来回摆动，动作是那样地娴熟，时不时发出狂喜的吼叫声。偶尔有几条翻滚的河鲤被杈住扔向岸边，还有河鲤逃过树杈飞速钻入水中；远远的山脚下，一片草丛之间冲出三五个肌肉凸显的猎人举起石矛、树棍朝一匹野狼围追堵截，山林深处回应着野狼的哀号；几个丰满豪放的女人在无际的原野树丛中采摘野果，顽皮的娃儿们悠闲地甩着枝条，跟随在一头老牛和几只小羊身旁；陶窑里热气腾腾，陶工们袒露着古铜色的臂膀，手捧陶坯送入窑内；织女们安安静静地坐在树阴下，手持纺轮将羊毛和大麻纤维缠绕捻线编织成泾渭分明的布匹；幼儿们啃着野果在巷道里穿梭玩耍，老翁们背靠土墙享受着阳光的沐浴，回忆着昔日的风采，宽敞的聚落鸡犬相闻，一派勃勃生机、无限安逸的景象。

高大树木轰然倒地的声响从浓浓野香的山林中传出，几个拎着石斧、石锛的族人快速奔向粗壮的树木旁，将树上的枝干、树杈纷纷砍落。不一会儿，一根硕大的圆木横躺在人们面前，他们丈量圆木的长度，分成四段用麻绳捆绑，前后排列扛起圆木，踏着节奏喊着号子，步调一致地朝聚落的方向挪动。

聚落一角，人们分别忙碌起来，有的用石铲铲去圆木上的树皮，有的沿着圆木木纹纵向楔进一个石斧头，顺着圆木裂缝向前再楔进一个石斧头或石锛或石凿，以此类推，圆木上便形成了一道纵向的大裂痕，运用这种原始的砍劈技法最终将圆木裁成一片片实用的板材。他们度量亡者的身长并将完整的板材再次裁割成长短不一的几块木板，然后将木板的六面用石铲铲平，在木板的两端用石凿、石锛凿出榫卯套合结构，最后套接组合成完整的木棺。女巫在一边敲鼓跳神，族人们按照程序将亡者的遗体款款地托起安放在棺内，并小心谨慎地将一件陶鼓摆放在亡者的左侧腰间，又将一件大型石斧握在亡者的右手，最后把亡者生前最喜爱的、最能彰显勇武精神的长矛及一串兽牙项饰佩戴在他的脖颈上一并入葬。

之前，族长邀请聚落里享有威望、手握饰杖的白髯长者来到纵横交错的山野间为勇士寻觅一块风水宝地。长者白髯飘逸前后左右往复顾盼，望着一个方向沉思许久之后，举起饰杖指向三面环山一面临水遍地野花烂漫的山坳缓坡，发出铜钟般洪亮的声音，那儿就是亡魂的归宿。

阴郁的天空雾气迷茫，似在不断地抽泣，伴着低沉、哀伤、悠长的曲调，人们时断时续悲天哭地地痛号，声声哀哀戚戚。一场庄重而悲凉的葬礼徐徐开场，聚落里所有的人都赶赴墓地为亡者送行，长长的送葬队列缓缓地朝着氏族墓地移动。神情凝重的扛棺人步调一致低头前行在队伍的前列,阴沉的天气映衬出他们更加暗淡的肤色。之后的族人们抬着亡者生前使用过的石斧、石凿、玉璧、玉刀、骨锥、骨镞、陶壶、陶盆以及各类小饰物,将这一切可以带走的物质财富统统送往幽冥世界。队列尾端,一人牵着亡者羊群中最肥美的一只羊紧随其后,还有两人扛着一口用麻绳缠绕捆绑、内部储满金黄色粟米的硕大粗陶瓮——这几乎成为聚落中一种约定的送葬风俗。

肃穆的殡葬队伍慢悠悠地翻越山脊,穿过茂密的森林,蹚过潺潺的溪水,终于抵达部族的公共墓地。那里围满了神情悲悯的族人,陶鼓敲响,鼓点沉闷,余音悠长……每当封堆隆起渐渐被西风抹平,荒草再次覆盖,西风轮回刮来,岁月给一些物态留下了斑斑痕迹。时光飞梭,四季更迭,这里的埋葬已是坟压坟,墓叠墓,却没能留下几多完整的亡魂灵地。

方位朝西的"凸"字形墓穴早已修好,活着的人将亡者的归宿谋划得井然有序。一个年轻的婆娘突然扑向族长,跪拜匍匐紧紧搂住他的双腿不停地摇晃、号啕:"娃儿还小啊!求求你啦!"族长阴沉着脸目视前方郑重其事地说:"遵从族规!""啥?老天啊!北面窑洞里那个年轻的羝儿战死,怎么没让亲人陪葬啊?"族长面对全族,脸色更加阴沉地说:"羝儿是为了部族而战!他是族群的荣耀。我们按照他的身长用圆木凿成独木棺将他葬于地下,因为他生前没有女人,我们不是从战俘中挑选了一个嫩白的女人按族规陪葬了吗?"失望的母亲满面泪水地瞧着高声哭喊的娃儿:"俺命苦的娃儿啊,死了爹又要娘的命,天道难行啊!"周围的族人看着悲痛欲绝的母亲,心房在颤抖,血流在涌动,一种难以名状的隐痛在每个人内心深处徘徊纠结,但也只能眼睁睁等待命运的安排,无法为他解脱。无望的母亲突然拽住娃儿跪爬到亡者身上,无意间触碰到亡者左臂上套着的石臂穿,她猛然想到自己的男人曾为部族做出过重大的功绩,他也是族群中声名显赫的人物之一,难道他的女人还须殉葬吗?想到此,她带着侥幸的心理再次向族长发出哀求,族长愤怒地说:"正因为他生前地位显赫,所以更需要你的陪伴!"她绝望地仰天大吼:"苍天啊!孩子呀!不公啊!"族长无情地甩袖离去。

几个男人按照族规无奈地来到这位母亲身旁,面对身体彪悍的爷们儿,她死死地搂紧年少的娃儿,又喊又叫又抓又咬又扯又闹,其中一人从她怀中抢走了孩子,另外几人拼命地将她摁住五花大绑,拎起来重重地摔入穴内。一声低沉而庄重的号令,几个族人扛起长方形木棺狠狠地压在她的下身,她虽然疼痛难忍但也不肯屈服,左右滚动全力挣扎,木棺的沉重使她耗尽了最后一丝气力,身躯形成侧卧、犹如在母亲子宫内的抱团睡姿,最终她万分无奈地以这种悲惨凄凉的蜷缩姿态迎接生命的再次轮回。当第一捧黄土撒向穴中,她那颤抖的抗争震天撼地,最后一声凄惨的呐喊传入九霄,久久震荡峡谷余音不绝。送葬的人们在泪水与哭声的交织中遍野哀鸣心肝寒战。亲人们放声恸哭，鼓点激烈密集，不等她生息未绝，黄土铺天盖地，片刻，一切恢复了平静。巫觋发出谁也听不懂的撼人心魄的神秘咒语，超度亡魂通达冥冥天界。

她的离世带走了一个家庭的天伦，毁灭了一支血脉的延续。在那个年代，非正常死亡骤然增多，可叹男尊女卑和以人殉葬习俗的悲惨结局。原始人类在丧葬观念和形态上所恐惧的并不是死亡本身，而是对死亡后其灵魂漂泊去向的关注，追求的是对其魂魄的敬重。

总体而言，原始人类萌生的"万物有灵"观念是最初宇宙观和思维方式形成的最直接反映，人类之初无法诠释自然现象所发生的变化，并将这些现象归结为另一个假托的信仰世界。大致在旧石器时代中期，富于幻想而内心充满神秘与恐惧的祖先们认为各种自然现象都有一种神秘的超人力量，诸如日月运行、电闪雷鸣、风云变幻、山石树木、飞禽走兽，都在万物显灵的观念下被视为诸神的主宰，它们既哺育了人类成长，又给人类的生存带来威胁，先祖们感激的同时也对它们产生了无限的畏惧，因而便怀有顶礼膜拜求其降福免灾的敬畏之心，认为得失取舍是超然力量的恩赐与惩罚。人们按照一定的仪式程序，向神灵致敬和献礼，以恭敬的动作膜拜，恳请帮助达成靠人力难以实现的种种超然力量的愿望。"祭祀"乃是一种向诸神求福消灾的传统礼俗仪式，称为"吉礼"，意为敬神、求神和祭拜祖先。从本质上说，祭祀是对他们的讨好与收买，是把人与人之间的求索报酬关系，提升到人与神之间的保佑层面。在原始"神灵"观念中,具有神性的"巫"是率先探索人类与自然关系的先哲,万物有灵形成于多神崇拜,中国古代宇宙观最基本的三要素是天、地、人,天人合一的生命价值观在死亡文化上基本倾向于回归自然。《礼记·礼运》称:"夫礼,必本于天,肴于地,列于鬼神。"《周礼·春官》记载,周代最高神职"大宗伯"就"掌建邦之天神、人鬼、地示之礼"。《史记·礼书》也说:"上事天,下事地,尊先祖而隆君师,是礼之三本也。"《史记·白起王翦列传》:"死而非其罪,秦人怜之,乡邑皆祭祀焉。"汉王充《论衡·解除》:"祭祀无鬼神,故通人不务焉。"以上这些相关史料都对古代祭祀活动做了精彩的笔录。丧葬是人类死亡观念的物质化、现实化和生活化的反映,当逝者尚未入殓之前,其头总是朝着门口的方向,这是灵魂前往冥界的捷径,无需转身,无需拐弯,出门便可上路,让故去的灵魂能够找到回家的路。因此,祖先把生死轮替视为人生法则代代相传,并且隆重推举神灵祭祀、宗祖祭拜、国家社稷等仪式,制定诞辰、成人、结婚和殡葬等仪轨,演绎了人类崇礼尚教制度构建的严谨与规范,这是人类生命的挽歌对死亡的思索含义。透过某种丧葬表象,我们可以倾听到一个民族从远古而来的全部文化信息。由于农业、畜牧业、饲养业、手工业以及冶金业得到进一步发展,促使原始社会进一步分工,男性在氏族内部逐渐占据优越的统治地位,女性则降于屈从位置,社会结构发生了翻天覆地的变化,以女性为中心的母系氏族公社开始向父系氏族公社过渡。当历史发展到齐家文化晚期阶段，部落之间的战事日趋频繁，出现了统治者与被奴役者，人与人之间产生了不平等的关系，最终导致原始氏族公社制度的解体。社会组织形态渐成雏形，阶级关系日益明朗，国家创建迫在眉睫。

从某种意义上讲，衰老和死亡的磁场会吸走每一个人的生命，生命的航船会随着年轮的更迭渐渐下沉，其实，死亡不像穿黑袍的骷髅那样可怕，它应该和诞生一样神圣。原始信仰的确为人类生命世界叩开了一扇心灵归宿的门环，使鲜活的人生从无边幽暗中探视内心世界的无限苍茫，并从千里之外的中原腹地攀登恢宏的昆仑，攀登巍峨的珠穆朗玛，攀登地球高昂的头颅。

原始聚落

红日拨开了霞雾,大地轮廓格外分明,一束束光芒从天宇深处无遮无挡地直泻下来,一座座窑洞错落有致地矗立在江水滔滔的黄河岸边,一排排半地穴房屋背靠群峦面朝河水,一道道无边的沟壑生机盎然,一片片沧海桑田荡气回肠。仰望天空俯视大地,个别稀少的干栏式明堂卓然凸起宽阔敞亮,疏密相间的天井式庭院环环紧扣,方圆布局的喇家房所已构成了规模可观的原始聚落。忙碌一天的先民们陆陆续续回到窑洞式和半地穴式的茅草棚,蹲在炉膛旁点燃茅草与牛粪,顿时,一股牛粪燃烧的气味连同滚滚烟雾环旋缭绕飘出屋外,不一会儿粟米掺和着牛肉的蒸汽在陶罐内沸腾起来,娃儿们的嬉闹声夹杂着喷鼻的肉香弥漫在洞内的各个角落。白灰面的泥草墙被壁炉的熊熊火焰熏烤出缕缕黑色的斑痕发出"噼噼啪啪"的炸响,一阵微风钻进洞穴,灶膛里的星火顽皮地眨着眼睛。夕阳西下,天宇转暗,月光下,河水泛起冷冷的蓝色辉芒,两岸起伏错落的群山轮廓凸显逶迤绵延。满天星斗眨着醉人的媚眼好奇地撩开夜色的纱幔,眺望更加辽远的夜空。室内的嬉戏渐渐停歇,肌腱刚劲的爷们儿搂着自己的婆娘钻进羊皮大袍,浑身上下筋骨舒展,肌肤摩擦血流涌动,一种难以言表的兴奋与舒坦注满周身的每条经络,触动着身体最敏感的神经。时间悄悄地流淌,壁炉里时而传出一星半点的爆裂炸响,洞顶蹲伏的猫头鹰的啼叫划破了宁静的夜空,远处的黄河滔声夹杂着茂林摇曳,共同奏响出大自然雄浑的乐章,这旋律忽远忽近,忽高忽低,忽而稀疏,忽而葱茏。从窑洞里传出隐隐约约节奏强烈的男人大口喘声与女人呢喃低语的呻吟……人类的繁衍就在这种美妙的高潮中播撒开来。(图39、40、41)

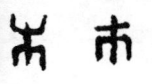

图39 蹲踞式人形 仰韶文化   图40 蹲踞式人形 美洲印第安艺术 现代   图41 蹲踞式人形 美洲印第安艺术 现代

人们纷纷走出房舍，一排排井然有序的半地穴式房屋在朝阳的烘托下，暖暖的，柔柔的，显得格外祥和悠然，袅袅炊烟雾气升腾，与阳光融合，泛出淡淡的微紫光芒，环抱着群山和聚落，轻轻地飘向茫茫滔滔的河面。散置在聚落附近的陶窑青烟缕缕直冲云霄，三两成组的陶工在窑前空地上奔忙劳作。婀娜多姿的少妇蹲在奶牛腹下，灵巧地上下挤弄着奶头，股股雪白色的汁液喷射进彩陶壶内，奶牛时不时地发出沉闷的粗声，几只精美的花色蝴蝶围拢在他们身旁翩翩飞舞。巷口的一个孩子大声喊道："火狐，玄黄。"不知从何处蹿出两三条摇头摆尾、相互追逐撕扯耍闹的土狗活蹦乱跳地朝他扑来。（图42）还有一条看似像狮的獒犬骄傲地蹲坐在窑洞式房舍门口，它根本不理会小主人的号召，不屑一顾地舔舐着自己身上油光发亮的皮毛，它的体量近似牛犊大小，周身布满黑色的体毛；硕大的头颅围裹着浓密遒劲的鬣毛，咖色的湿润短鼻下是一张肥阔傲慢的大嘴，两侧厚重的唇肉覆盖着下颚；火红的双眼喷射出愤怒的烈焰，虎视眈眈目中无人；粗

图42 狗纹彩陶罐 1976年出土于青海大通上孙家寨墓地 卡约文化

图43 岩画太阳与狗 位于青海省海西州德令哈市怀头他拉乡哈其布切沟

图44 犬戏牛铜鸠杖首 1983年出土于青海湟源大华中庄 卡约文化

壮的脖颈下刚健有力的四肢傲然挺立，步态威猛高贵，颇有王者风范；倒卷的尾巴向上翘起，摆出时刻进攻的架势，吼出低沉浑厚的狂吠，声声穿透时空，气盖洪荒……（图43、44）

　　北归的大雁排列着变幻不定的队形掠过天际，协奏着呜啾呜啾的合唱；几只叫不上名字的禽鸟组群抱团，在半空中相互追逐盘旋；两三只雪白的鸽子站立在断墙边上抖动着翅膀像是在舒筋活血；一对欢快的鸟儿躲在树杈上用自己乖巧的尖喙梳理着对方的羽毛。（图45、46）这时，一只扇动翅膀的灰喜鹊嘴里衔着食物从远处飞来，停落在房屋附近一片松散的落叶堆上，它左顾右盼谨慎地把头深深扎进落叶堆里，将食物深埋其中，然后用喙整理落叶覆盖藏物，将其恢复原貌，若无其事地在附近踱来踱去，刚离储藏地三四米，另一只停在附近树上的黑喜鹊窥视到这个诡秘的小举动，迅速俯冲扎向藏物，十分精

图45　鸟纹彩陶罐　1978年出土于青海民和核桃庄小旱地　辛店文化

图46　鸟纹彩陶罐　1978年出土于青海民和核桃庄小旱地　辛店文化

准地将食物叼住腾空远去。那只藏物鹊眼睁睁地瞧着突如其来的强盗茫然失措,垂头丧气,稍停片刻,只好怏怏离去。空旷的草地上,老母鸡"嘎嘎嘎"地叫唤着一群叽叽喳喳的鸡娃儿悠闲地四处觅食;一只阳刚霸气精力充沛的花公鸡斜着身子,扇动翅膀讨好地在一只俏丽的母鸡身旁追逐转圈,从窝里传出母鸡生蛋后"嘎哒嘎哒"的叫声时,它好似骄傲地张扬着自己完成了一项子嗣繁衍的大事。毛茸茸的小黄鸭在水洼里瞄准黑黑的蝌蚪一头扎下,溅起层层涟漪,屁股朝天来回摇摆水珠四溅;鱼儿欢快地跃出水面停顿片刻,似乎幻想着亲吻玄妙的天空;一条花蛇从屋顶的草丛中蜿蜒迂回爬行而过,诡异地寻觅着猎物的气味;蹦蹦跳跳的三五只羔羊争先恐后地钻进母亲的身下,挤来挤去跪地吮乳;盘角高跷的头羊傲然地率领着子民朝山野草甸缓缓前行,两只雄壮的羱羝紧跟一只肥硕的雌羊,你争我抢地与它亲近,灵巧的一只骤然爬上母羊的腰背,另一只毫不示弱用自己坚硬硕大的弯角将其撞开,跌落的那只以凶猛的攻势进行残酷的反扑,它们更迭换位争风吃醋互不相让,于是,两只被激怒的雄性分别倒退几步怒目对峙,虎视眈眈,低头耸肩,蹬腿发力,各自昂起盘角向对方猛力撞击,一来一去循环往复,然而,期盼已久的雌羊只能遗憾地撇下两只疯狂难缠的欢心伴侣,败兴地一步一回首漫步前行……真应了"公羊相撞头破血流,狐狸去舔碰碎了的头"的古谚。

四五个娃儿在巷道中蹿来蹿去顽皮嬉闹撒尿和泥,把尿泥相互涂抹在对方的脸上身上,个别的孩童用自己的尿泥捏塑成想象中的玩偶,更多的孩子滚进黄土堆里玩耍。一旁的老翁咧着残缺的牙门笑眯眯地瞧着调皮的孩儿们,似乎找回了久违的记忆和童真。盘腿坐在门前的妇女一边捻线,一边照顾光着屁股满地乱爬的幼子。土坎下的汉子们张开灵感的羽翼营造想象中的居所,他们瓮声粗气地喊着号子,挥动力臂挪动石块,搬运泥土,夯垒柱石,齐心协力地进行套接构件加工组装,崭新的半地穴式房屋拔地而起,喜笑颜开的众人纷纷击掌跺脚,举臂高呼。挺拔的山脊敞开宽厚的胸怀拥抱着橘红色的夕阳,含情脉脉地亲吻着河谷大地,皲裂粗糙的汉子肩荷石斧,腰插石锛,手提石凿,三三两两摇摇摆摆,拖曳着长长的身影消逝在巷道的尽头……

刚刚逮获、套着枷板的野猪崽来回挣脱,不服地连哼带拱脾气大作,蹄下被它搞得狼藉一片,愤怒的大嘴露出骨匕似的獠牙,死死地啃噬着粗大的树腰,硬生生将一块块老树皮撕扯碎裂。听经验老到的猎人讲:野猪为了防御蚊虫的叮咬喜欢在松树上蹭来蹭去,浑身沾满油乎乎的松脂,翻身打滚,披上酷似混凝土坚硬的铠甲,防寒保暖阻挡锐利的箭镞穿透体内。大伙儿在捕猎野猪时,一定要三五结伴分工明确地挖好陷阱,乔装打扮恢复原貌引诱其上钩;如果采取猎杀,人们就要前后左右地布阵,其中一人设饵引进伏击圈,三方同时射出锐利的箭镞,切记,千万不可正面迎风攻击,一旦失手,它会顺着风中飘散的人体气味发疯似的玩命反扑……

驯服野猪是先祖们获取食物的固定来源之一,它不仅是彰显人类

图47 岩画野猪图 位于青海省海西州天峻县江河乡卢森

胆略与勇武的标志,也是原始部族财富多寡的象征,更是一个家族单元构成不可或缺的条件之一,它与家有着密不可分的承启渊源,为后来的"家"字问世奠基了坚固的柱石。(图47)

片片星罗棋布的房舍分散在河岸的山坳平川,呈现着古老的田园风貌,勃勃生机的气象处处透露着族群蒸蒸日上的企盼。金光灿灿的黄河廊道在群山的怀抱中缓缓流淌碧波荡漾,一派五谷丰登的繁荣景象溢满两岸。每片土地都镌刻着相似的纹理,每条血脉都流淌着播衍的种子,无边无际的稼穑随风起舞,悠然地散发出浓浓的成熟粟香,茁壮的叶脉有些泛黄,饱满的穗子低下沉甸甸的头颅,从繁茂的枝叶间钻出几只嬉闹的小鸟飞向高空。群群飞虫缠绕在大麻枝条上翻飞狂舞,吞食着结满了灰白色的麻籽;簇簇茂密茎细、叶大肉厚的野菜郁郁葱葱,散发出浓郁呛口的野味,小蚜虫与大毛虫蚕食着肥美嫩绿的叶片;盘旋在苍穹之上的一只硕大的鹏鸢傲视大地,寻找着心仪的目标;时而有一只健硕的花鹿擦肩而过,时而有一只肥美的野兔站立张望,躲藏在岩缝间的雪狐,窥视着眼前唾手可得的美餐,时刻准备着偷袭;近岭沟谷牛羊漫游,牧人们甩着抛石,喊着号子,哼着曲儿,抑扬顿挫,绿绿的山坡上野草密布,成群的牛羊啃着草儿,打着滚儿,撒着欢儿,追逐交配。朵朵白云随风飘逸在湛蓝的茫茫天际,与水源充裕土地肥沃、百鸟争鸣野兽出没、草木繁盛多彩多福的秋色相得益彰,将族人们祈祷的风调雨顺化成美好的意象,预示着又是一个吉祥的丰收年岁。

原始工艺

东方的启明星闪烁着亘古的辉芒，苍穹边缘泛出浅浅的鱼肚白，晨曦微露，"布谷布谷"的鸣响由远及近。年迈的老石匠揉着惺忪的睡眼缓缓起身叫着身旁的峪娃，娃儿翻了个身又沉入梦中，严厉的老汉再次喊道："赶紧起来，该干活了！"伸着懒腰的孙娃儿很不情愿地跟着他来到了采石场。胸前飘着长髯的老翁以犀利的目光在乱石堆中搜寻着可雕琢的石材，他手握两块石头相互敲击做着示范，给孙娃儿讲述着先祖制器的故事："孙儿啊！你知道吗？我的爷爷的爷爷最初利用自己聪明巧妙的制石技法，将各种石头打制抛磨出造型独特的实用器具并世代相传。久而久之，我们的家族成了族群中制石技艺最为精湛的手工艺匠人，而今我将这门技艺完整地传授于你，期望在不久的将来，你的雕琢技艺能够超越祖辈！"峪娃边耐心地打磨手中初具规模的石头，边瞪大眼睛望着一脸严肃的爷爷频频点头。

某日，满心欢喜的族长对老翁说："俺今日喜得贵子，请你为他打制一件石臂穿！" 爷孙俩匍匐跪拜接受了指令。他们在石材堆里精心挑选出一块造型类似臂穿的玉料，在玉材上初步构思臂穿的形状，利用管钻技术一点点地、小心谨慎地将玉石钻通，再慢慢地将内外壁打磨光滑，圆筒亚腰形的臂穿逐渐形成，经过漫长的一段时间，一件玉质圆润色泽乳白光彩夺目的上乘之品就此完成。眼冒灵气的峪娃爱不释手地捧着这件经典之作赞叹不已，并朝自己的手腕套去，不料这一举动被老翁大声喝住："不懂规矩的东西，这是你能佩戴的吗？""为啥俺不能佩戴？"老石匠语重心长地说："很久以前，先人们外出狩猎，经常遭遇比人凶猛的野兽袭击，性命难保。你知道吗？野兽袭击猎物的一个最显著的技能便是锁住对方的喉咙使其窒息而亡，老虎、豹子、猞猁和狼几乎都采取同一种捕猎技巧。在这种状态下，人们便发明了自卫的兵器——石臂穿。拥有石臂穿的人再次遭到野兽攻击时，可以抬起套有臂穿的胳膊进行自卫，即便这只胳膊被野兽叼住，隔着坚硬的石臂穿也不会过分地伤害到肉体筋骨，而另一只手臂可以拿着锐器猛烈地朝着野兽刺击，置其于死地。此外，在激烈残酷的部族争战中，敌我双方近距离拼杀时，筒状的石臂穿同样起到绝对性的保护作用。当敌方锐器直逼要害，套有臂穿的人会用胳膊挡过利器，另一只手直取敌方性命。"孙娃会意地点点头，石匠继续讲道，"由于这种工艺精良的物品做工难度极大，成品概率极小，所以，它只能佩戴给族群中身份高贵的少数人，如族长的娃儿将来继承权位才有资格在童年时套穿，待成人后随着筋骨的粗壮，臂穿慢慢箍紧胳膊难以脱落，始终伴随他直至陪葬！"

峪娃疑惑地问道："爷爷，除了石斧、石锛、石凿、玉琮、玉璧和石臂穿等物件外，咱们聚落里的族长、巫觋以及男男女女身上都佩戴的那些小挂件是咋做的啊？""呵！你小子连这些都看出来了？心很细嘛！只要肯下苦，这些都不是个事儿呀！"得到赞美后的孙娃儿美滋滋地笑了。高兴的老石匠从房屋隐秘的角落里掏出一个密封的粗陶罐，从中挑出一绿一红两颗小石子在孙娃眼前神秘地晃动："猜猜这是啥？"孙娃懵懵懂懂地摇摇头。爷爷笑眯眯地说："你看漂亮不？这颗蓝绿色的叫绿松石，最贵气的颜色就属天蓝了，还有果绿色和灰绿色，用它们做饰品，既美观又大方。这粒红色的叫玛瑙，是一种间有红色、白色、赭色、灰色的玉髓，这上面的花纹有带状、云雾状和苔纹状，最珍贵的是夹胎玛瑙，它常常给人变幻莫测、深入梦境般的感觉。这类罕见珍奇的石头有的人一辈子都很难见到，是财富的象征。至于制作工艺，一般是按照石材原形不做过多的雕琢，只抛光打孔，彰显原物原色的本真面貌，遵从它的自然灵性，巧妙运用雕琢技法，方能凸显上品的精气。"仔细听讲的孙娃目光坚毅。

旭日东升，热气蒸腾，鸟儿盘旋犬儿狂吠，鸡儿鸣叫羊儿啃草，一派生机盎然的田园景色。一家人各自料理手中的活计，可爱的闺女跟在母亲身后学着梳理发辫，却不小心折断了骨笄，父亲瞧见，埋怨地说："哼！又让你弄断了。"

无奈的父亲来到窖穴边左瞧瞧，右看看，心想用什么材料为心爱的小女儿磨制一件漂亮的发笄呢？用竹、木，还是用骨？思谋了半晌，最终还是从兽骨堆里挑出一根光滑细长略有弯曲的耻骨，因为兽骨具有血性辟邪和勇猛驱害的特质，可以保佑孩子长长久久成人立业。他目测揣摩，挥动石斧砍劈雏形，再用磨石抛制加工，一端尖锐一端稍钝、通体光滑大小适宜的骨笄在他灵巧的手中完美成形。他拿起小巧别致的骨笄仔细端详片刻，又将它插在自己的发髻间试来试去，最后满意地微微点头，喊来欢喜的女儿，让她享受着父亲的宠爱，一旁的母亲瞧着父女亲密无间的血脉之情，流露出喜悦与自豪。

山雾茫茫，长长的小溪沿着起伏的沟谷蜿蜒流淌。内壁积满层层水垢的大口陶盆架设在土灶之上，烈火燃烧，炊烟缥缈，热气升腾的羹汁沿着盆缘溢出。三五成群的猎人围拢在火堆旁,各自拿着骨刀、骨叉和骨勺在盆内上下搅动;满脸胡茬的粗野汉子抢先叉起一块滚烫的、尚未熟透的兽骨,撕咬着肉块,用力地咀嚼,面黄肌瘦头发枯黄的矮小男子不甘示弱,快速舀起一勺肉羹吞下,被灼热的羹汁烧得大喊大叫,又蹦又跳……(图48)

图48 岩画猎人图 位于青海省海西州德令哈市怀头他拉乡哈其布切沟

白髯长者看着酒足饭饱的同伴懒洋洋打盹儿的样子,打趣道:"嘿!嘿!真是饿了发呆饱了发困呀!瞧你们这个蔫样儿,想听个故事吗?"伙伴们眼睛一亮,"噢?!真的吗?快讲!"他嘿嘿一笑:"你们刚才吃肉喝羹时用的是啥?"大伙纷纷举起刀、叉、勺,在他眼前晃动着。他挥了挥手中的骨刀,说道:"就先从这把看似普通却做工精细的刀说起吧,别小看这把骨刀,首先需要挑选一块合理的兽骨,其次在骨骼上划分出刀刃、刀背与刀柄的区域,用小石叶一点点地在刀刃部刻出骨槽,将细小锋利的石片镶嵌其内,再在刀柄尾部钻孔系绳,便于携带，最后通体打磨抛光。这种骨体石刃小刀具的制作工艺是祖先流传下来的一门复合性技术，是人类第一次将石材与兽骨相结合的发明创制，称谓镶嵌法。假如咱们都能掌握这门技艺，制一把送给心爱的女人作为定情信物，是一件多么值得炫耀的事啊！"大家听后欣喜若狂并急切地催道："赶快讲讲下一个吧！""好，好，莫急莫急！大家伙想想看，当你蹚河发现一条肥美的鱼从腿间游过时，是不是想借用树杈一类的东西捕杀游鱼？当你在山谷中遭遇一头凶残的野兽时，是否会顺手从一棵大树上掰断一根树杈朝着发疯的猛兽刺杀？在这险地困境的触动下，人们受到树杈的启示并智慧地仿造其形状，巧妙地利用大型动物骨骼的自然曲度在上面画样、裁割、磨锉，然后精雕细琢，一件便利的小骨叉由此诞生，它既能做自卫武器又可做叉食用具，岂不是一箭双雕的好事？"

地穴内幼小婴娃的哭喊声让年轻的母亲停止了进食，她抬头看见他手里紧攥着一把骨勺，怎么摆弄也喝不上一口羹汁，她接过骨勺一瞧，心中暗暗指责，原来这骨勺做工如此简陋粗糙，仅仅是采用动物的肋骨曲形稍加磨制便形成铲状的勺，其椭圆形勺体很浅，难以舀上汤汁。这些爷们儿啊，就不能把它做得更好用些吗？善良的母亲边哄着边教着："肉芽啊，勺是这样用的。"她抓住孩子的手一点一点地将汤水喂进他嘴中，孩子边吃边闹，室内一派温馨。

悠扬婉转的羌笛穿透沉闷的夜空，月牙钻出层层乌云，好像倾诉着先辈们创造辉煌的传奇，祖辈崛起强盛的超脱精神回旋在喇家聚落的座座屋顶，音韵绕梁不绝于耳，每个室内的族人都以虔诚的心灵接受着上苍的洗礼，似乎在静静地等待着远方幸运的呼唤！

漆黑夜晚的突兀峭壁上猛然传来鼻音沉闷的"哼——哼——哼"的重声，又似乎在参天树冠上发出清脆而俏皮的"咕咕——喵，咕咕——喵"的柔音。这恐怖的啼泣，往往在最黑暗的深夜响起，到黎明前消失。这个鬼怪魔兽那不能灵活转动的硕大眼球格外明亮，侦查猎物时不停地上下左右快速扭动头部，它是禽类中脖子最为灵活的飞鸟——猫头鹰。它静伏时悄无声息，出击时矫健敏捷，经常栖息在高大幽暗的密林中或裸岩缝隙间，神出鬼没，只闻其声不见其形，又往往在天灾人祸之时能够听到它那诡异的哭泣震响在黑暗的夜幕中，令人胆战心惊。

阵阵阴沉凄厉的哭啼惊醒了裸睡的女人，她惶恐地钻进身边鼾声大作的爷们儿怀里，被抓醒的男人没有缓过神来便听到那诡异的怪声，不由地搂紧身边的娃儿，一家人被这凄厉的叫声吓得蜷缩在墙角浑身战栗，害怕的儿媳和孙儿的哭声惊动了长辈，长辈说道："孙儿啊，莫怕，那是猫头鹰在叫，睡吧，睡吧！"晚辈听到老人平静安慰的话语，心情平复许多，纷纷钻进皮袍里将娃儿夹在中间。但是，恐惧感一直没有消除，一家人被折磨得期待着天明早些到来。

第二日清晨，长辈召集所有家人解释半夜猫头鹰怪叫的事情，大家心有余悸惊慌万分，老汉平静地说："大家莫紧张，其实我们的祖先很早就知晓猫头鹰昼伏夜出的习性,它的形体健硕,酷似猛禽,面像猫头喙如弯钩,尖锐锋利啼哭悲鸣,声如鬼泣神似精灵。它原本叫鸱鸮,或许因地而异,又有姑获、䲹鹠、祸鸟等许多称谓。(图49、50、51)它善于夜间猎物,又常常在天灾之前人祸之后往来出没,属于阴性禽类,人们既恐惧又敬畏,便奉它为辟邪消灾之神鸟,经常将它作为辟邪护符捏塑在陶器上,浇铸在铜器上,凿刻在岩壁上,噢!对了,咱家不是有个鸮面罐吗?就是依据它的形象捏塑的,大家看惯听惯后就不必大惊小怪了。"全家人听后心安许多,神色由惊慌失措转为平和安详。

河边的一座陶窑里闪烁着幽幽的火苗,映照出几个汗流浃背、胯间系着围裙的汉子从女人手中接过彩绘陶坯往窑里摆放的剪影。一个赤身裸体浑身沾满泥巴的爷们儿席地而坐,熟练地操作着手拉坯工序,他的身旁站着族长的风骚女人妖姬,她高盘的发髻上插着小巧的骨笄,

图49 鸮面罐 1976年出土于青海乐都柳湾墓地 齐家文化

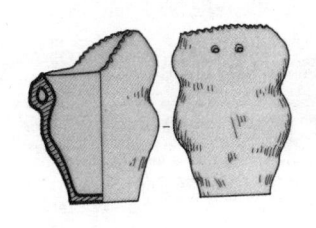

图50 鸮面罐 1976年出土于青海乐都柳湾墓地 齐家文化

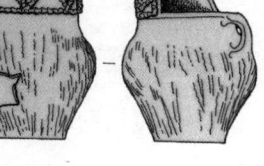

图51 鸮面罐 1976年出土于青海乐都柳湾墓地 齐家文化

图 52 鸮面罐 民间收藏 齐家文化

手腕上戴着齿状精美的陶环,手指上套着一枚抛光细腻的骨环,两眼冒火,直愣愣地盯着全身赤裸肌腱凹凸的陶工,一串白色石珠伴随着她急促的呼吸在柔软高挺的乳房上微微起伏……而另一位少妇用她那饱满的双手不停地搓捏泥条,并将泥条分别附加粘贴在鸮形陶坯的面部和颈部,之后用大拇指在泥条上摁出堆纹,再用锋利的骨匕在器物上快速地刻画出逼真的羽毛纹,不一会儿,一只栩栩如生、神态威严的鸱鸮飞落在粗犷的陶罐上。鸮形陶坯在她盘腿之间绽放出冷峻的光与炙热的窑火相映成趣,心灵手巧的女人端起鸮罐旋转观看非常满意,眉梢间展露出撩人的媚态。(图52)悄坐于一旁的长辈捋起花须,啧啧感叹:"不错,形象逼真,神韵十足啊!先人的技艺在你这儿得到了嫡传啊!你知道先祖是如何发现制陶的吗?"满面通红的少妇微笑地摇了摇头。"在很久以前,一次偶然的雷电引发了野火燃烧,人们惊惶逃遁,待火光远去渐渐熄灭时,一股焦香味扑鼻而来,惹得他们垂涎欲滴闻味寻找,突然发现一具浑身烧焦炭黑、冒着青烟的动物尸骸瘫倒在面前,股股浓烈的肉香钻进每个人的鼻翼,人们蜂拥而上撕扯着烤煳的兽肉,张开干裂的大嘴咀嚼吞咽,不时从喉管里发出野兽般的吼声……返程途中忽听一声大吼,一人倒地抱起右脚,用力拽出一块被山火烧焦的泥片狠狠摔在地上，大家急忙好奇地询问，一个爱琢磨的年轻人捡起带血的泥片仔细观察，用力掰开，发现它如同坚石般的硬度，从而联想到经过雨水调和的泥土被烈火烧烤后会变硬的过程，并由此萌发了烧陶的冲动，于是祖先们依据火烧原理研发了陶质器皿的制作技艺。陶器的出现使我们的先祖改变了生食充饥的习惯，熟食味美易于消化，减少疾病强健体魄，不仅延年益寿，而且增智聪慧。"少妇瞪圆双目，似有茅塞顿开之悟，长辈接过鸮面罐边看边讲："制陶工艺不是人人所能掌握，它的流程十分繁缛。从选土和泥开始，经过泥料淘洗、泥条盘筑、拉坯制形、修整抛光，还有捏塑附加堆纹、把握刻划纹、研磨矿物颜料、手绘纹样、组合图案等道道工序；陶坯入窑烧制产生窑变后塑形威严神色玄奥，实现了美观大方坚固耐用的基本功能。真没想到鸮面罐的制作工艺在你辈手中重现，使俺在敬佩的同时又想到了它的由来。起初，人们模仿鸮形制作器皿，主要是借助它那神奇的外表和凄厉的鸣啼，为族人带来辟邪、添祥、保佑、崇拜的寓意，用它烹煮食物，利用鸮面双目算出羹汁享用肉香美食。之后，人们渐渐发现，它更加适合煎制草药，若有人生病，将药汤经过鸮目算出，剩余药渣留入罐内。听祖辈说，人生病是因为阴气太重，需要阳火调和达到阴阳平衡。而鸱鸮夜禽属阴性，利用阳火灼烧罐内草药可起到升阳降阴的作用，因此它成为煎药器皿也就理所当然了。"

岁月辽远，流年易逝。当时黄河流域处于河水泛滥期，洪暴时常袭来，两岸的祖先纷纷逃离，芳草萋萋的美丽家园惨遭蹂躏破败不堪，积累的财富荡然无存。回归的人们在聚落原址偶尔挖出一件完整的鸮面罐，遗憾的是陶工消逝技艺失传，唯有它伴随着人间的苦痛留存下来。鸥鸮的崇拜习俗由来已久，因此它便成为镇族之宝，被视为本族不灭的图腾与象征。

天边是通红的火烧云，夕阳拖着疲惫的身子慢慢隐入河边的群谷，夜幕渐渐降临，银河拱起鹊桥横跨在茫茫苍穹。从悠远之处传来雄浑沉闷、哀怨空灵的乐音飘过黝黑的山野，随着夜风跳跃在汹涌的河面上。几个腰间缠裹着粗麻布条的女性盘坐在茂密的老树下，她们有的戴着管状兽骨项链，怀里的娃儿含着奶头吮吸，手抓石贝挂坠玩耍；有的戴着玛瑙手串，趴在草地上双手支撑着下巴；有的腕戴陶环、指套骨戒、背靠老树，缠裹着腰间松动的布条；有的头戴松石束发器，耳下悬挂玉耳玦，手持骨笄穿插在秀发之间。不远处的林间草丛渐渐模糊，而成双成对的男女躯体在皓月当空下渐渐清晰。

缕缕轻柔的晚风掠过，由远及近的陶埙吹奏荡漾在心田情谷之间，被那如诉如泣的旋律搅醒了的人们，窃窃私语，议论着吹埙人的情感遭遇。循着凄凄切切的乐音，朝着声源的方向望去，头戴松石的女人神秘地说道："你们听，多心酸的曲调啊！这是对岸窝棚里的陶工吹奏的。知道吗？咱们的年轻族长不仅抢占了老族长风骚多育的妖姬，最近他又遇到了一个满头乌发、细腰肥臀的年轻织女，这人就是吹曲儿的傍肩儿(寓意男女之间暧昧之情)。"另一个女人不屑地说道:"年轻族长就是喜新厌旧垂爱新人。"头戴松石的女人低下眉:"女人被强行霸占,陶工的心情极为郁闷哀伤,他用泥土捏塑一个中空的大弹丸,在它的顶端钻了一个吹口,丸腹部钻四个摁孔,尾部捏一个小纽系绳携带,这个扁圆状的东西能吹出抑扬顿挫的曲调,我曾经好奇地问他这叫啥,他说叫'埙'。"(图53)撑着下巴的女人说:"这埙声听起来好忧伤哟!""听他讲,摁孔越多,吹奏的调儿越丰富,越少越单调,这个埙是多摁孔的,所以能吹出低沉悲凉的情愫,这段曲儿正是他思念自己心尖儿所表达的哀怨哼唱⋯⋯"

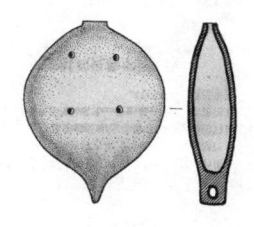

图53 陶埙 青海马家窑文化

汹涌奔腾的黄河水呦!见证了多少岁月沧桑的人间更迭,不正是一面生命轨迹的明镜吗?它穿越千载的时光隧道,触摸着大地苍老褶皱的纹理,轻抚着人类顽强的骨骼,传递着喇家幽冥玄机的密码。我们不想打捞沉淀在河底的久远往事,不想惊扰两岸的古老深情,这只是一次油然而生的追古怀思,心灵的律动在心底镌刻定格。

几百年前的湟水两岸，波光粼粼反照着陶工古铜色的肌肤，他闲情逸致地吹着思绪万千的埙曲，巫婆闻声寻来："倔驴，吹罢了吗？咱们的部落近日要举办一次祭祀大地的仪式，请你抓紧时间做件庆典道具——母神壶！如何？"陶工哈腰鞠躬，点头示意。

长发披肩、骨骼粗大的汉子开始和泥、淘洗，阵阵土腥直冲鼻翼，他仿佛嗅到了大自然的清新和泥土的芳香，一股暖流传递周身。他面露微笑从泥中剔除杂质，揉搓着泥条圈圈盘筑，无意间抬头看见周围堆放的陶坯内很多都掺和着石英、料姜石及云母片制作而成的泥质粗陶，个别泥坯内壁还尚存着未经修磨的道道凹凸坯棱。然而，母神壶的制作则需要泥质细陶，其技艺须更加用心，更加精致，器表打磨得要更加光滑明亮。由于制陶工序繁缛，难度较大，所以人们在生活中不慎摔碎陶器后大多舍不得丢弃，并将碎陶片对茬拼接，用兽皮熬制的黑色黏合剂黏附，分别在两块陶片上钻出对称小孔用麻绳穿接绑缚，这种工艺称谓"缀合"。此时，他眯起双眼观瞻坯形的体量，十指灵巧地搓出细小的泥条分段在陶坯的颈部、腹部黏附出凹凸有致的人体结构，利用骨片谨慎地在陶坯颈部雕刻面部五官，泥塑的鼻梁轮廓高挺分明，丰润的薄唇微微张合，硕大的双耳粘捏在面部两侧；肩部雕塑双乳及肚脐，双腿呈蹲踞式双足着地的生育姿态。他起身后退两步望着陶坯上的人体若有所思，顺手拿起装满矿物质颜料的小陶罐，抓出氧化铁和氧化锰颗粒混合在一起，倒进凹陷的石磨盘内研磨成黑

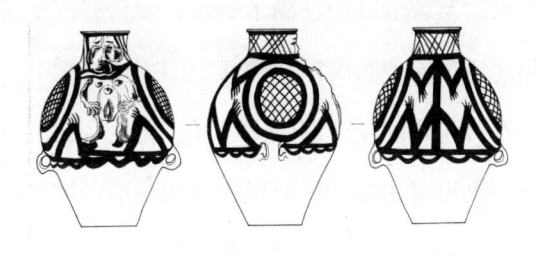

色的颜料；再抓出铁矿石和赭石颗粒混合在一起研磨成红色的颜料；利用骨勺分别将黑、红颜料舀进另一个陶盆内使其水解融化，然后用毛笔蘸着颜料在其头部绘出飘逸黑亮的长发，勾勒出弯眉下炯炯有神的双目，眼袋下方及耳部涂绘出纵向黑彩纹面特征；在胸部两侧凸起的乳头上点绘暗红，肚脐处点绘暗黑；以黑彩描绘袒露凸显的阴部轮廓。他谨慎地将壶体分别转向左右两侧绘制圆圈网纹，又在人体背面画出蹲踞式蛙形人纹，最后在壶体隆起的下腹部粘贴器耳——一具活灵活现栩栩如生的裸体人像初具规模，母神的播衍仪态渐渐显露。（图54）他喜上眉梢，盘起腿来仔细端详陶坯周身，线条曲直，色泽沉稳，层次疏密，虚实相间。他轻轻触摸这具人像，黄土的细腻，流水的清亮，人性的光芒，将母神旺盛的繁衍力惠泽到华夏族群。他心满意足地站起身来，双手捧着绘制好的母神陶坯，款款地放置阴凉处慢慢晾干。

图54 裸体人像彩陶壶 1974 乐都柳湾村征集 马家窑文化马厂类型

几日后，倔驴将母神陶坯送入窑室垒坯封门，用草拌泥勾平缝隙，点燃木炭，陶坯在窑室内闷烧煎熬，黄土的凝重与火焰的热情融为一体，熔炼铸就了她那丰腴的身躯和慈爱的心脏。他一刻不停地围绕在窑前，时时观察火候与烟气的色泽，判明火膛里的温度。一般来讲，窑温达到四百度，陶坯呈暗红色，六百度呈桃红色，八百度呈鲜红色，一千度呈黄色；若一千二百度，陶坯质地坚硬，呈浅黄色，若一千四百度，陶坯呈白色，若一千六百度，则呈无烟无焰的耀眼白色。熊熊窑火在封闭漫长的火膛内昼夜不息，高温将绘制在泥坯上的纯锰颜料全部溶解，若想图案色彩偏红可以掺入少量的赤铁矿，若想偏黑可以掺入较多的赤铁矿，若想变成褐色则掺和两种颜料，它们在窑内会自然而然地发生结构的变化……

他疲惫的脸膛露出满足的神情迷迷糊糊地进入了梦乡。雷电突闪，狂风暴雨，空气中弥漫着浓烈的黄土味道，浇醒了美梦中的倔驴。他快速翻身冲向阴凉处把泥坯一件件搬进房里，慌乱中却忘记了石磨盘还丢在屋外，雨后发现磨盘中注满了溢水，颜料的浓度淡了许多，心想取之不易弃之可惜，便将漂浮在颜料上层的雨水撇出，继续往陶坯上绘制纹样，不料无意间发现这件陶坯经过窑变后的色泽发生了惊喜的变化，一种从未见过的褐红色展现在他的面前。经过几天几夜的煎熬，他的眼窝塌陷脸膛更黑了，却始终坚守在窑前，不是添柴就是泼水，时时刻刻观察着火膛内的温度，耐心精准地掌握着陶坯窑变成功的轨迹并及时熄火。等候了几个时辰，迫不及待的心情难以抑制，他揭开窑门，停顿片刻，屏住呼吸往里一望，一件醒目鲜亮的陶壶光彩夺目，壶上的母神形象富丽堂皇玄妙莫测，他心跳加速欣喜若狂，这尊千锤百炼的裸体母神彩陶壶散发出庄严肃穆令人敬仰的神圣光环。

她那超凡脱俗的神姿使倔驴内心感到震颤，这尊裸体的母神非人间所赐，而自天界冥冥生成——慈祥端庄、雍容华贵。惊叹之余他联想到祖辈的传颂：人类由于食物匮乏、野兽侵害、生熟混合导致瘟疫泛滥，寿命缩短；外加野火遍地、山洪肆虐、大地摇撼造成人口锐减；面对生存困境，人类需要团结协作，共同抵御各种危机的侵扰。例如几人在原野上共同围追一只野兔，看似容易却很难成功，更何况单人捕猎。先祖们在观察大自然的同时，无意间发现一种生殖力超凡旺盛并能水陆两栖的小兽，它既能在陆地觅食又能在水中捕捉，一次能够播撒数万只子子孙孙，暑夏夜晚，水中小兽哇哇大叫，有人给它起了个象声名字——蛙。原始人类朴素的想象认为，如果人也能有像蛙一样强盛的生殖力该多好哇，那么人口就会增多，集体协作力量就会强大，还愁食物匮乏难以存在吗？人们对蛙这种动物由羡慕上升为信仰，并对它顶礼膜拜，奉为族群的崇拜物与图腾。而今的母神壶就是依据蛙的繁殖能力重点凸显女性生殖器官，巧妙利用壶腹隆起的圆形模拟女人鼓腹怀甲，表达孕育生娃的姿态。祖辈还传扬着母神的仁德，并赞颂褒奖她那繁育众多子孙后代的功勋，我们的族群或许就是她的一支血脉。先辈们千山万水沿着大河迁徙而来,开辟了这块郁郁葱葱的乐土。但是,种种艰辛和困苦造成族群数量减少,这是全体族人日夜忧思的大事。为了根脉强大,人们将生殖力旺盛的"蛙"比拟成母亲神供奉祭拜,祈祷护佑子嗣兴旺。

神秘的巫婆悄无声息地飘入作坊,专心致志的陶工急忙起身施礼,转身捧来母神壶交与她鉴赏。格外惊喜的她伸出双手恭恭敬敬地接过,并将母神壶举过头顶以示敬仰。他瞧着巫婆兴奋的表情自豪地问:"您看还行吗?这是严格按照您的旨意烧造的!在拉坯成形之前,我想到妇女怀娃的大肚子,精妙地利用圆形罐状象征怀孕肚腹,在壶面上捏制出裸露的母亲形体,然后描摹细节,在人体背部绘画蛙纹,将一个女人形与一个蛙形纹构成远古传说中'女娲'的立体'娲'字。她寓意着多子多福绵延昌盛,因而也可以称为'女娲壶'。"她听后眼冒幽光,赞许点头。

由此而言,人类创造奇迹的确是按照自己最朴实最真切的想象和意愿进行的——在洪荒的大自然中利用泥土摹拟心中无比崇拜的神灵。其实,人类文明历程一直都离不开对泥土亲近的演绎,最早果腹的野食是在大地上生成的,最初的居所是在大地上挖掘的,初始的艺术创作也缘于泥土,女娲造人就是用泥土塑成生命源泉,尽管这是东方人类起源的美丽神话,但它表达的却是人与泥土密不可分的关系。阅览五千年前辉煌的书页,铺展在我们眼前的便是祖先们用一捧捧红色的泥土揉捏出的一部部波澜壮阔的陶塑篇章,它们在天地之间绽放的耀眼光芒是人类文明的第一轮朝阳。不仅如此，远古文化所能涵盖的一切起始都离不开泥土，譬如舞乐，譬如雕塑，譬如绘画，譬如建筑，譬如宗教，譬如葬俗……甚至今天我们仍然延续着先祖古老的思维模式，也从泥土中寻找着创新的灵感，当我们触摸裸体人像彩陶壶那钟灵毓秀的余温时，似乎从时空隧道中折射出了一副震撼心魄的人间妙境。

黄河两岸的金褐稼穑在浓浓秋意中随风摇曳，原野上果实成熟的香气扑面而来，庄严肃穆的族长伫立在农田的高坎上，神情激昂亢奋。他左手紧握权斧右腿跪地叩拜上苍赐福，右手伸展保佑族人圆满收获，双眼俯视金灿灿的大片禾苗。他那沙哑磁性的号令引领着陶鼓阵阵擂响，族人们双手合十举过头顶，昂视上苍默默祭拜，浩浩荡荡的队列一字排开……

急促的鼓声隆隆震响，族长有力地揽住一把溢香熟透的庄稼，舞动石镰，收割下一把沉甸甸的穗子奋力举过头顶大声高呼："开镰啦！"族人们齐刷刷低头弯腰争先恐后地挥镰收割，一个温暖的收获季节在欢声笑语之中来临了。

诱人的饭香从穴室内飘逸而出，一家人在欢闹的温馨中憧憬着美好的未来。族长醉眼蒙眬地仰脖灌下最后一口浊酒，昏昏沉沉地斜躺在皮袍窝里享受着眩晕的美妙，忽听有人高喊："族长啊，有几只陶鼓敲碎了，咋办啊？"他睁开惺忪的睡眼回复："啊？啊！敲……敲坏了？赶紧……紧做啊！"

满身泥巴的倔驴聚精会神地拉出喇叭状、直筒状和小罐状的不同坯形，将三种泥坯上下粘连构成一件完整的喇叭形器物，分别在小罐与直筒连接处以及大喇叭口边沿捏塑两个环形器耳，紧接着又在大喇叭口边缘上横向黏附一圈倒刺小钩或钻透一排小孔。他抹了一把脑门儿上的汗水，端起一只彩陶碗喝了口水，仔细端详这件亚腰中空两端相通的鼓框，暗地思谋所绘纹样，放下小碗抄起毛笔蘸满黑红颜料，在陶坯上行云流水般描绘出三角波折纹。过了三五个时辰，入窑焙烧。隔日，他静静守候在火膛边察看窑变，待冷却后取出，扥来一张完整的兽皮比对鼓框大小口沿裁割鼓面，先在小口处蒙上一块圆形皮张，抽出一根柔软的皮条顺着小罐外侧口沿反复缠绕勒紧，穿入上部器耳环绕一周打结，随后将皮条拉向下部器耳，采取相同手法系紧，套住倒钩或穿入钻孔，将皮条抽出与大口皮张反复穿插绷紧扣死。他将陶

图55　彩陶鼓　1982年出土于青海民和阳山墓地　马家窑文化半山类型

图56　彩陶鼓　1982年出土于青海民和阳山墓地　马家窑文化半山类型

图57　彩陶鼓　1982年出土于青海民和阳山墓地　马家窑文化半山类型

鼓斜挎胸前，双手轻轻拍打两侧鼓面，仔细聆听音质声调，当敲击喇叭鼓面时，声流通过中部直筒传入小罐器内，经过循环贮存发出雄厚恢宏的音色。假如陶鼓顶端缺少罐状器，其循环贮存的音质空间消失，雄浑的音色将无法生成。微闭双眼的他满意地从鼻腔里发出自豪的哼声，兴奋地挥舞双臂激烈地敲打皮面，豪放的鼓点震响街巷，引得一片喝彩。（图55、56、57）

崭新亮丽的陶鼓悬挂在族长家门前的大树上，他接过鼓槌，随意敲出激昂奋进的出征鼓点，轻轻拍拍陶工的肩头："嗯！还不错，回去歇着吧。"

宁静如常的黄河流域欣欣向荣，浩浩荡荡的激流卷起层层浪花拍打着岸床。巨大的龙卷风柱盘旋缠绕在紫红色的山岚，搅扰了栖息在壁缝间的群群乌鸦四散惊飞，人们四处躲藏。巫婆凝神远视挥韬摇胜，左右窜动占卜作法："老天啊！顾念部族勤勉崇天叩地，毋冀天祸！"

突然，河面上挤满了外族人的筏子，他们鼓吼四起杀气腾腾，奋力划桨朝河岸的喇家驶去。一个高大威猛的汉子挥舞着手臂准备登陆，猛然发现狼烟冲天，鼓点响亮。骁勇善战的喇家人涌向河岸，外夷看到眼前强势的阵列吓得魂飞魄散，纷纷调转筏头惊慌逃窜。喇家族人齐声欢呼，鼓角争鸣，凯旋收兵……

温暖四射的朝霞穿透浓雾洒向陡峭突兀的青色崖壁，幅幅岩画凿刻的痕迹熨帖着眼帘：几只孤傲的猎隼盘旋于万里碧空，一只火红的野狐穿越莽莽雪原驶向巍峨起伏的冰峰,一群灰黑色的野驴奔驰在戈壁滩上甩出滚滚烟尘,对对羚羊欢快腾跃在茫茫草原,它们生机盎然、弱肉强食的自然景象构成了生物链中最完美的岩壁画卷。

岩洞里烟熏火燎,透过烈焰,胡须浓重满脸污垢的牧人咧着嘴快活地啃食着一根大骨棒,吞下最后一口肥美的筋肉,抹去沾满胡茬上的油渍,裹紧袍子懒洋洋地蜷缩在柴草堆里闭目养神。忽然,他睁开炯炯有神的眼睛注视着被烟熏的岩壁上凿刻的一幅幅图画——枭隼的翱翔、羚羊的腾跃、野驴的奔驰、牦牛的搏击……多年的游牧生涯使他养成了记录野外生存的种种不同遭遇,并将这些遭遇以图像的形式雕凿在岩壁之上。今日发生的一连串险境或许一辈子都忘不掉:晌午时分,不知从哪个草窝里蹿出了十几条穷凶极恶的豺狗,死死盯上了一头刚出生不久的小牛犊,它们紧追不舍伺机突袭,却被护犊心切的老牛识破。健壮的公牦牛面对死缠烂打的豺狗不急不躁,信心十足地

图 58 岩画牦牛防御图 位于青海省海西州德令哈市怀头他拉乡哈其布切沟

图 59 岩画牦牛防御图 位于青海省海西州天峻县江河乡卢森

图 60 陶牦牛雕塑 1959 年出土于青海省海西州都兰县诺木洪塔里他里哈

摆出聚拢成环的布列，将母牛与牛犊团团围在密不透风的中央，壮士们一个挨着一个摆出要拼命的架势，低头仰角，怒目圆瞪，喷射粗气，一致对外。豺群从不同方向多次进攻也无法撕开一条血口，高大健硕的牦牛严防死守，决不给瘦骨嶙峋的豺犬乘虚而入的任何时机，它们僵持了近半个时辰。经过几个回合的撕咬顶撞，豺群终因不敌铜墙铁壁般的防御工事，被视死如归的牦牛精神震慑，放弃了贪婪的欲望，败兴离开。（图58、59）这个惊心动魄趣味横生的场面震惊了马背上的牧人，一切正常后，他才吹起尖利的口哨策马回归，这些谨慎的预防都是长辈传教的。小时候常跟伯父翻山越岭寻找水草丰美的牧场，不停地轮换草场，牧人们一般在春芽露头时打包行囊，赶着家畜背井离乡去夏窝子放牧，等秋寒时节又吆喝着肥壮的牛羊扬鞭起航带着万分激动的心情朝着家的方向日夜兼程，和婆娘孩子们美美地度过漫长

图61 岩画骑射马图 位于青海省海南州共和县切吉乡然呼曲村和里木

图62 岩画双马交媾图 位于青海省海西州德令哈市怀头他拉乡哈其布切沟

的严冬。（图60、61）

云卷云舒，草原上嘶鸣踢踏乱作一团，媾和一体的两匹骏马激情缠绵，荡漾着浓烈的荷尔蒙气息。（图62）牧人坐在一块巨大的原石上望着眼前的美妙景象，不由联想到自己的婆娘和聚落里的几个相好，顿时浑身燥热，他褪去皮袍全身精光，仰面躺在巨石上，四肢伸展摆出一副大大的"太"字模样，望着朵朵白云，乡愁之情油然生起，恨不能立刻飞奔到家，享受那妙不可言的乐趣。过了许久，他打定主意要将这里刚刚发生的一切记载下来，便拎起石锤用力砸向石凿，慢慢地在原石上勾勒出两马交欢的清晰轮廓，又在交配图旁仔细雕凿出阳刚霸气、生殖器尤为夸张威猛的男性人形……

当我们去寻找自己灵魂的故乡时，会清晰地看到昆仑山燃烧的雪峰下那古老而又深邃的原始艺术，在单纯与复杂、低级到高级的交错中，刻录着先祖们艰苦经营的每一步前进的足印，抒发着他们的情欲和思绪，鼓舞着他们的斗志和信念，发挥着其他意识形态无法替代的功能，构成了青海高原独特的原始艺术风格。这不正是千百年来流淌在中华民族血管里从源头开始的那种山水交融、水滴石穿的精神吗？我们像一个个迷途的孩童，躺在宽广而温暖的岩画艺术怀抱中，触摸着母亲跳动的脉搏，谛听着她温柔的呼吸，分享着她那不为人知的隐秘，咀嚼着凝固不动的沧桑，透射出一道摄人心魄的灵光。

炙热滚烫的气流蒸腾着大地，郁郁葱葱的草木懒洋洋地打起盹儿来，百鸟躲避在绿荫丛下悄无声息，勤劳的儿媳冒着酷暑喘着粗气将大麻扔进洼塘，经过昼夜浸泡沤熟，剥去麻皮分成纤维、搓出麻线交到婆婆手中。

顽皮的孙儿不慎摔碎了一个圆润的小陶杯，心疼得婆婆眼冒蓝光，不舍丢弃杯底儿，在一块粗糙的石头上磨成圆饼，抄起一块尖石在杯底中心两面对称地钻通一个圆形小孔，插进一根兽骨，就这样稍作加工便成了一件陶质纺轮。儿媳惊讶地赞叹："婆婆，您的手好巧哟！"老人家满脸皱纹呵呵笑道："这算个啥呀？俺年轻时曾做过石的、玉的、骨的，还有陶烧的纺轮呢！这是最简单的一种工艺了。要是烧制陶纺轮，俺还要在轮坯钻孔周围摁压指甲纹、刻划绳纹、画上十字纹或卍字纹。这样，在捻线时转动骨杆，你就会看到纺轮上的各种纹样快速旋转，恰似水面漩涡，给人一种头晕目眩、深不可测的感受，情趣无穷啊！"儿媳望着口若悬河的婆婆微微一笑，伸出大拇指……

儿媳耐心地摊开洁白的羊毛，轻轻地捻出一根线头缠绕在纺轮的骨杆上，转动纺轮使毛线牵引拉细旋紧，不一会儿，团团毛线纺出放在墙角。婆媳俩按经纬交错方向编织一块毛麻布，把麻布铺展抹平裁出一个圆孔，拎起麻布套在自己身上，老婆婆拿来穿好麻线的骨针将她身上的两片麻布边缝对齐穿针走线，一件完美的"贯头衣"缝合而成。风骚魅惑的年轻婆娘搔首弄姿，撩拨起老人家的妒忌心理。她睨视一眼儿媳，颤颤巍巍地从皮堆里找出一张牛皮，找来锋利的骨刀在皮革中部割开一个圆孔披在身上，媳妇看在眼里，赶紧拿起骨锥在两片皮边上用力戳通四排小孔穿入皮条系住，老人上下打量着新皮袍，得意扬扬地露出残缺的牙口，婆媳俩面面相觑，爽朗的笑声穿过弄里小巷。

突然，刺目的闪电劈向礁石，接着便是炸响的惊雷，狂风夹杂着黄沙刮得人睁不开眼迈不开步，树木摇摆，天边的黑云层层压来。惊叫的乌鸦遮蔽了聚落的上空，家犬仰天狂吠，扇动翅膀的公鸡带领着子民腾空飞上洞顶，石栏里的牛羊狂躁不安相互挤撞，长蛇钻出洞口迂回逃窜攀爬树干，水坳里的青蛙齐声鼓噪，荒野沟壑传来阵阵催促的蹄音，恐怖的狼族嚎出凄厉的哀鸣，劳作的人们纷纷钻进自己的穴居。顷刻间，轰鸣从大地深层滚滚而来，大地在微微颤动、抖动、震动、撼动，撕裂的山岩顺着垂直的峭壁暴虐地砸向空谷，掺杂着巨大的洪流形成势不可当的泥石流，沿着峡谷垭豁汹涌倾泻，朝着喇家的方向奔腾重撞……一种生命的苍凉让人想到了血液的流淌，想到了火焰的燃烧。

叁

灵光璀璨

回眸劫难

天地混沌，世界洪荒。

穿透亿万年前的遥远时光，我们仿佛清晰地聆听到来自大地深处岩石断裂与岩浆滚动的轰鸣，地球在激荡的呐喊声中催生了大陆架上条条纵横万里的山脉，那巨大高耸的躯体改变了天象的格局。19世纪中叶，地质学家在欧洲的阿尔卑斯山区对地层顺序的研究结果表明，更新世曾经有过四次主要的冰期，最末冰河期前还有五个更早的冰期，它们由近及远，各冰期的命名为玉木、利斯、尼德、群智和多瑙。中国与之相应的各冰期有大理、庐山、大姑、鄱阳与龙川。冰河期是地质上的一个特殊时期，也是地球上最大的一个灾难时段，其特征是地球两极被奇绝的冰雪覆盖，前沿的冰舌可以延伸至赤道附近，造成地球上气候寒冷，生物难以存活。第四纪最后冰河期的玉木冰川总量为7697万立方公里，融化后的冰水汇成巨流使海平面上升197米，淹没了大片陆地，引发山洪暴发，洪水泛滥。最末一次冰河期的灾变则伴随着人类文明的繁衍和发展，这是冰河期与旧石器时代交替对比的新认识，也是人类文明突然中断又重新崛起理由中最为可信的论据。距离人类最近的末次冰河期大约自11万年前开始至1.1万年前结束，历经了漫漫10万余年的艰辛磨炼，人类大概在距今12万年前步入旧石器时代，1.2万年前踏上新石器时代，地球末次冰河期的延续时期与人类文明缓慢发展历程惊人地巧合。

　　冰河期临近终止后的数千年中，地球气候开始渐渐转暖，冰川覆盖层慢慢融化，冰水流进汪洋使海平面步步抬升，较高的陆地也逐渐从海平面上抬起高昂的头颅，高处的冰雪融化向低洼处流淌，造成水患及次生灾害频频发生，这场几乎毁灭全球人类的灾难就是新石器时代的开始。人类也像动物冬眠一样从漫长的寒冷期中苏醒过来，由于长久严寒，大地上的草木枯萎，农牧业生产被迫停止，食物链遭到了严重破坏，仅靠狩猎为生成了问题。在石器时代环境下，人类也只能勉强维持生存，文明灿烂的步伐基本处于停止不前的原始状态，所以人类在这十万余年的艰苦岁月中还是没能够走出旧石器时代的残酷格局。大地复苏标志着冰河期的结束，人类迎来了黎明前的曙光，在苍苍茫茫的黑暗中朦朦胧胧地探索前行。自然社会灾变有两种情形，一种是由于自然灾害变故引起的社会环境动荡，冰雪消融留下难以想象的大片水患，造成了区域性的重大灾祸。其实苦难也是一种无形的财富，人类的智慧光芒和聪明才干就是在悬崖绝境中被迫强力开掘和闪现：由于饥荒连续，人们之间为了掠夺食物经常发生厮杀造成社会大动荡，尤其是地震、洪暴及气候变幻给人类带来的不可抗力的自然灾难，还有人与人之间的贫富悬殊和不平等待遇产生的思想分歧、对立、矛盾所引发的战争伴随着各种疫病的蔓延，乃至不同的宗教信仰与派别之间的冲突和战争等都会给人类带来灭顶之灾。

人类文明的诞生地主要出现在北纬 30°左右的区域内。这一纬度线自古至今都是灾难深重的多发地带，地震、火山、海难、洪暴等灾害时常发生。从地理分布观察，地球头颅——冰心玉骨的珠穆朗玛峰隆升凸显；海洋谷底——峥嵘岁月的马里亚纳海沟深不可测；河流贯通——长龙卧地的埃及尼罗河、伊拉克的幼发拉底河、中国的长江、美国的密西西比河等均在这一线上奔腾入海，浩渺无际的南太平洋和大西洋之间亘古绵延的大陆却是人类繁衍与文明的摇篮。从地震区域构成分析，在这条纬度线上分别密布着地中海、喜马拉雅和环太平洋等多条地震带，共同架构了许许多多奇特的自然地质地貌特征，并且发生过许多地质灾难，譬如在中国西藏地区，大于 8 级的地震就有 4 次，7 级~7.9 级的地震 11 次，6 级~6.9 级的地震 86 次，给人类文明的进程带来了诸多不确定的因素。

洪水神话是人类起源学说的成长摇篮，我们的祖先就是与洪暴搏击，开始了他300万年的地球之旅。各种神话都是在这漫长而灾难重重的历史时期遗留下来的经典传说，其实这并不是神话，它原本是真实的事迹，是冰期融化后的严酷现实经过世代沥心泣血、壮志未酬的传说故事，也是年代久远的冰河期逐渐演变成的经典传奇，更是我们打开人类文明智慧宝库的一把万能钥匙。神话与现实并非人们观念中的天地之隔，以神话传说为主脉的上古文化现象与地质学、生态学、人类学、考古学的研究在很多方面互为印证。至今全世界流传的与洪水相关的典籍有50多则，它们叙事完整，脉络清晰，体系独立。其中最为经典的有《圣经》中诺亚方舟故事的描述，中国《淮南子》《尚书》中洪水神话的记载，中美洲阿兹特克人的洪水传说等等。虽然它们所处的地域文化尚无丝毫关联，其洪水神话内容却惊人地相似，这是人类情感的相融相识，他们都奔腾在同一纬度，即北纬30°左右。尤其是雄踞在特殊地域的巴比伦文明、埃及文明、黄河文明共同与洪暴灾害的兴衰相生相伴。

地球上第四纪全新世地质年代属原始社会晚期母系氏族社会，考古印证为中国新石器时代的仰韶文化至大汶口文化，距今约6000—4000年，在这人类蹒跚的漫漫长夜里，毁灭性的洪暴一次次地撕裂着祖先们难以愈合的伤疤。一个叫共工的人用尽智谋与另一位叫颛顼的人拼命争夺帝位，在《论衡》中有这样一段精彩绝笔的描述："共工与颛顼争为天子，不胜，怒而触不周山，使天柱折，地维绝，女娲炼五色石以补苍天……"又在西汉刘安的《淮南子》中有这样一节美轮美奂的阐释："往古之时，四极废，九州裂；天不兼覆，地不周载；火爁焱而不死，水浩洋而不息；猛兽食颛民，鸷鸟攫老弱。"还在《论衡》《列子》典籍中别开生面地略叙：这场灾难是生活在西北方的共工与颛顼为了争夺帝位所导致的。查阅大量的古代文献，从中读到共工这位英雄的宏伟霸业：其中，《国语·鲁语》云"共工氏之伯九有"；《小戴礼记》将"伯九有"说成"霸九州"；《汉书·律历志下》引《祭典》曰"共工氏伯九域"；而《淮南子》则："'九州裂'之'九州'。"此乃儒家认定的大禹治水时所划分的冀、兖、青、徐、扬、荆、豫、梁、雍等九地。然而，郭沫若先生在《中国史稿》中对"九州"一词有着自己独到的学术见解："九州"很"可能来源于共工氏的九个氏族"。而《尚书》《淮南子》《史记》三部经典著作中都同时记载了伟大母神女娲"炼石补天""杀黑龙以济冀州"的史实，足以阐明女娲与共工、颛顼均属同一时代的神圣。《汉书·古今人表》中将女娲与共工并列前后，颛顼则是黄帝的后裔，是一位母系社会时期的神灵。另外有古籍证实：伏羲也是出生于"只知其母不知其父"的母系氏族社会，"大迹出雷泽，华胥履之，生伏羲""华胥生男子为伏羲，女子为女娲"。唐李冗《独异志》记载"天下未有人民"时，"其妹即来就兄"。这段简洁明了的描述暗示了二人的兄妹关系。华胥大概是一个氏族的女神，《轩辕本纪》说伏羲之母属此氏族。《玄中记》言"伏羲龙身"。《文子》说他"蛇身麟首有圣德"。《天中记》云"伏羲人头蛇身"。伏羲首登"天梯",祖先认为巫之所以能"下宣神旨,上达民情",是因为天地间有一道天梯,乃巫、神交感之桥梁,"巫咸国在登葆山,群巫所从上下也"。《山海经·海外西经》记述,登葆山即天梯,天梯传为建木所造,伏羲是第一个缘着建木"天梯"的上下之神,"建木……太皞爰过"。《山海经·海内经》又记载,后来"天梯"虽然被颛顼"绝地天通"的行动所破坏,但世代巫觋袭奉"木"为神器而不辍。南蛮巫觋法事中有"赤足登刀梯"之巫术,可视为古巫登天梯的衍变。此外,《史记·补三皇本纪》言女娲与伏羲均"风姓",德于"木";在《列子·黄帝》中表述二人"蛇身人面,牛首虎鼻";《全唐诗》有"女娲本是伏羲妇"之句;宋罗泌《路史》将她记成"置婚姻"的女神;宋李昉《太平御览》说女娲"抟土作人"。这些浩如烟海的文献材料都印证了他们共同生活在上古图腾时代的母系氏族社会,又明确了他们具有同氏族的血缘纽带关系。《归藏·启筮》中记叙:共工氏"人面蛇身,朱发"。以黑龙为图腾,又称黑龙氏,黑龙即黑蛇,与以黄龙为图腾的黄帝族群针锋相对争霸天下。所以,伟大的母神女娲针对共工实施的魔法造成了天地"四极废,九州裂"的残酷困境,她挺身而出费尽周折,最终爆发神力征服了巨浪滔天的洪水,惩治了共工氏的邪念奸恶行为,使他的阴谋诡计尚未得逞而彻底破产,她的治水功勋为后世奠定了防暴治洪的基石。

在远古的洪荒时代，跃起了一位治理黄河洪暴的英雄，他就是大禹的父亲——鲧，黄帝氏族的后裔。他巧逢共工"四极废，九州裂"洪水滔天人神不宁的时期，尧帝派他治理水患，他奉命领旨颇费九载奋勇整治，但是，洪暴依旧为患危害百姓，始终没有根除灾害的绝佳方案。无奈之下，只能听取鸱龟为他出谋划策，采取偷梁换柱的计谋窃取尧帝视为珍宝的息壤来抵御洪暴。息壤又称息土息石，是一种可以无限生长的具有巫术神性的神土，其形状酷似城郭的外形，故《世本》《吕氏春秋》等典籍中皆言"夏鲧作城""鲧作城郭"之说。不久，洪暴再次突降，尧帝勃然大怒，命令祝融在沂州的临沂县将鲧杀戮告慰天下，史称"殛鲧于羽山"。鲧死后其尸首三年尚未腐烂，好奇的南蛮人用一种弯刃形吴刀解剖了他的尸体，鲧即刻幻化为"黄熊"奔向昆仑山，并朝持有不死之药的大巫觋窥求救。鲧的妻子有莘氏吞食了神珠后怀孕，在西川古羌地石纽艰难地剖腹生出了大禹，因此，诸多史籍记载"禹兴于西羌"。大禹的血族归属黄帝姬姓，号有熊氏，所以大禹的后裔既崇拜黄帝也崇拜熊氏，熊便成了黄帝族姬姓部落的图腾。明眼识慧珠的四岳再次向舜帝推荐成人后的大禹，他尊奉帝命接替父职开始治理水患……遥望日夜滔滔呼啸奔泻的黄河天水，仰望两岸峻峭逶迤的山脉大岭，俯视被河水切割成千沟万壑的奇伟深谷，英武伟岸的大禹踏上父亲曾经治水的故地思绪万千：父亲曾在整治水患过程中只采取了单一的"堵"的方式，劳心劳力奔波九载，却落下个被"砍头"的哀痛结局。而今他奉命治患,既要汲取父亲悲惨的教训,又要挽回父亲的尊严,还要比父亲做得更加出色精彩。大禹深刻地解读远古冥冥的密码,心中猛然迸发出一个天大的谋划——集疏堵结合的方法,巧妙地调集动用"神""鬼""巫""人"四方力量。他身负帝命,心系水患,劳身焦思,背井离乡一十三载,曾经奔忙地"三过家门"却未能与妻儿相见,一心一意带领官员和百姓"徒以傅土,行山表木"。他亲自"左准绳,右规矩"勘察高山峻岭、峡谷河川,在莽林恶水、人兽杂处、累累白骨的荒原地带,思前想后做出了一系列的"开九州,通九道,陂九泽,废九山"之举。(《史记·夏本纪》)。自冀州出发尊请"黄龙曳尾于前,玄龟负青泥于后"(《拾遗记》卷二),亲率民众踏上治理水患的征程。天意使然地作机缘"大禹凿龙关之山(龙门)……禹乃负火而进……又见一神,蛇身人面,禹因与语,神即示禹八卦之图,列于金版之上……神乃探玉简授禹,长一尺二寸,以合十二时之数,使量度天地,禹即执持此简,以平定水土,蛇身之神,即羲皇也"(《拾遗记》)卷二。"龟颔下有印,文皆古篆字作九州山川之字"。"禹理洪水,观于河,见白面长人鱼身出,曰:吾河精也。授禹河图而还于渊中"(《尸子》辑本卷下),"禹治洪水,西至洮水之上,见长人受黑玉书于斯水土"(《水经注·河水》),等等不可背离。他盛邀以黄龙为图腾的中原部族和以玄龟为图腾的水上部族,前者负责地理勘查,后者为河精所派,负责谙熟山川河道,他们共同协助大禹施展神力开山辟路。与此同时,大禹在行使法力时制造了一件"黑漆其外而朱画其内(《韩非子·十过》)"的祭器，在祈祷诸神时叩教以"或有伏泉磐石，非眼所及者，必召海若，河宗，山神，地祇，问以决之。(《道藏源流考》)"明示疏堵之法。大禹又长途跋涉来到南海勘察时，巧见一只大鸟正对着一块大礁石实施攻击型的黑巫术厌胜即禁咒之术，当大鸟面对大礁石禁咒时"常作是步，能令大石翻动"(《洞神八帝元变经·禹步致灵第四》)。他仔细观察大鸟的行走步伐为跳跃偏跛，便随机模仿，这就是大禹经过模仿而创制的一种叫"禹步"的巫术。只有像大禹这样仁德高尚、善学善作、受人尊崇的英雄人物，才不愧为历代重推的楷模。

　　黄河水患作为华夏祖先生死存亡的交界点，一直困扰着人类文明迈出的脚步，它由高向低沿着黄河廊道汹涌澎湃，奔腾不息。胸怀鸿志的大禹继承先辈的伟业和重托，踏上了治理洪灾的源头之地，他跋山涉水一路风尘，站在陡峭的山崖向积石峡谷远远望去，黄河激浪拍打着岸礁，滔滔巨流侵蚀着两岸峡谷，崖壁上布满了斑驳层叠的年轮褶皱，勾起他对前辈奋勇直前力挽狂澜的无限哀思……

　　莽莽葱葱的祁连山脉，在由西北朝东南延伸的积石山段北麓部分阻断了滔滔黄河之水，它宛如卧地苍龙，嶙峋突兀，大有拔天盖地之气势，咆哮在天宇云雾之间……

　　大禹毅然率领神鬼巫人通力协作，历尽艰辛导川凿山，在万分关键的河道疏通时刻，傲立于苍宇之间，力盖于大地之上，腾空跃起挥动巨臂奋力擘斧，劈开一条二十多公里长的万丈深渊，恰似天门中开，雷鸣惊天，狂奔汹涌的黄河巨浪猛然昂首轰鸣倾泻万丈，犹如一条巨龙临空而起奔向东方。大禹"斧劈积石，引水归流"的大峡谷，世人称之为"斧痕崖"。

拦腰斩断的山脉东端，奔流不息的黄河迂回飞泻，磅礴的激流冲击着坚硬的岩壁，造就了宏大宽阔的积石关口。当猛兽般的洪暴咆哮而来，它像一扇敞开的天门放出野性的波涛，具有强劲破坏力的浪峰被驯服后沿着峡谷深渊疏浚通畅；它也像一把地锁紧箍泛滥的巨流，阻隔它那桀骜不驯肆意妄为的烈性，使暴戾的洪灾缓冲递减，这里因此有了"积石锁钥"之誉。

沿着崎岖陡峭的山径，攀向幽静蜿蜒的峡谷，鸟瞰惊涛拍岸的河床，一块突兀的巨石静静地横卧在崖壁岸边，它历尽岁月沧桑，巨石之上粜似桃形的凹坑就是大禹疏河导浚时常常憩息的座榻——禹王石，它至今清晰可辨，引人遐想。

与水神善交对决英武雄才的大禹不仅仅是驭水人杰，而且也是一位胆略超凡的卓绝领袖。"禹收九牧之金，铸九鼎。(《史记》)"寥寥几字精妙的佐证，透析出国家的雏形。古地质学研究，4000年前，地球上的大小流域曾经暴发了众多的洪灾水患，"大禹治水"所处的年代恰好是在公元前21世纪上下，然而这与喇家聚落所发生的黄河特大洪暴的历史机缘巧合。这一时段、这一地域的喇家先祖发挥聪明才智，打制出极为罕见的象征权力与地位的"巨型玉刀"和"黄河磬王"，或许这就是当年大禹治水时使用过的礼器,抑或与大禹同等重要的人物使用过的重器?我们无从考证,但是,只有那些拥有权利和地位的显赫人物方能力排众议,决策国略。

远古洪荒,大禹治患。"茫茫禹迹,划为九州。(《左传》)"简简妙语,传神道情,大书禹王"劈山导河、凿穿蒙昧、开化文明、繁华盛世"的丰功伟业。宽广的黄河在崎岖逶迤的大峡谷中舒展着身躯滚滚东去,使泛滥成灾的狂暴水患变得如此柔情似水造福两岸百姓,昭示黄河流域华夏部族崛起于西北高原,折射出一道文明灿烂的光芒。自公元前3200年炎黄时代至公元前2200年夏禹奴隶社会前后历经了1000余载,"华夏"一词的由来与大禹建立的夏朝相关,夏后氏以华山为活动中心,发祥于夏水流域,故称华夏族,并由此成为中华民族的代称。在华夏文明史中,咆哮的黄河始终与古老民族的"生存忧患"息息相关,禹王治患就是规划疏通冰河期过后冰雪消融漫延成灾的格局,铸就了大禹治水的千秋功勋,体现出了贤明君主的聪明才智,唤起了世人无穷无尽的缅怀与敬仰。历史,总是在人类的记忆里静静流淌,带着先祖们前仆后继勇往直前的拼搏精神,创造辉煌的史前文明。

文字尚未创造之前的远古时期,许多重大事件的发生因无法传承便烟消云散了,并在后续的历史衔接记载中出现大量的文化断层,后人只有依靠零星片段、疑信参半的神话与传说故事来挖掘先祖们的智慧结晶,继承精髓,发扬光大,逐步形成一种不可割舍的历史情结与文化谱系。在后世色彩斑斓的记载中，史家绝唱者司马迁在《史记》中推演出黄帝、颛顼、帝喾、尧、舜。从五帝本纪起笔对之前的洪荒时代朦胧概述，今有学者认为，五帝很可能真实存在，然而人们念念不忘的三皇，或许是在诸多的传说中通过整理推研出来的倍受后人崇奉的人文始祖，并以此推导出华夏民族的文化根脉。五帝之初，部落战争频繁，社会秩序混乱，生产停滞不前。公孙轩辕最终打败炎帝，擒杀了在东方横行霸道的蚩尤，被诸侯尊奉为天子，代神农氏统治天下。

翻阅考古学年鉴，将五帝传说时代与考古学文化相对照，它的上限不应该早于仰韶文化晚期，尧舜年代恰逢考古学上的龙山文化时段。因此，仰韶文化晚期（约公元前3600年）至龙山文化时期（约公元前2000年前）上下1600年的时空很可能就是传说中的五帝时代。在这漫长的时空长廊中，中原仰韶文化向西延伸发展，跃起一支以彩绘陶器而盛名于世的考古学文化——马家窑。那些无与伦比变幻莫测的纹样，似乎将我们引入了那个久别重逢土坯垒砌的陶窑前，和泥、盘筑、拉坯、打磨、勾绘等道道工序仿佛向我们彰显着远古科技的含量。但是，当我们的目光在寻觅历史的完整、寻觅美的历程、寻觅西部高原古老文化神韵最鲜活的生命时，浩渺厚重的考古实物传递出了五千年华夏文明摄人心魄的强烈信息。

再探喇家

遥望日月星辰，驻足山川湖海，喇家遗存犹存，而远古先祖的灵魂飘向何方，至今仍是人们心中的迷雾。故地重访，心潮澎湃，浮想联翩，思绪万千，呈现在眼前的喇家先祖遗骸，如数家珍地讲述着曾经辉煌而催人泪下的凄惨故事。

喇家聚落地理坐标为东经102°49'40"，北纬35°51'15"。隶属青海省海东市民和回族土族自治县官亭镇东南6公里的喇家村，西距青海省会西宁市约190公里，雄踞青藏高原黄河上游相对封闭的官亭盆地。它东起寺沟峡，西至积石峡，东西长约12公里，南北宽约

5公里，面积约60平方公里。盆地内形成海拔约1800米的黄河冲积平原。全新世官亭盆地及其周边山地主要为红色第三纪地层，其岩性主要是白垩系紫红色、红色砂岩。由于黄河洪暴泛滥、河床两侧地层侵蚀，周围山地沟谷夹杂的大量红黏土物质被洪水冲走汇入黄河，并堆积在南北两岸，形成了面积广阔的红色黏土层，汹涌的黄河水自西向东穿越盆地。黄河南岸是甘肃省积石山县，北岸是青海省民和回族土族自治县，包括官亭镇、中川乡和峡口乡，称为三川地区。官亭镇以南约2公里的黄河岸边即是喇家村，当时的喇家遗址就营建在黄河北岸二级阶地的前端，二级阶地在齐家文化时期仅仅是一级阶地，当时的一级阶地尚未形成，黄河河床便是现今的一级阶地。它东临岗沟，南至黄河北岸二级阶地前缘（以黄河河床为基准，向两岸延续，逐步抬升形成高低错落的不同台地，由低向高逐渐分级），西接盆地上游积石峡口附近的马家、河沿村，北连上喇家村。间歇季节沟即吕家沟由北至南流经喇家村，在下喇家村北由西向东与岗沟汇聚注入黄河。吕家沟自然地貌将喇家遗址分割为南北两部分，吕家沟北侧为上喇家村，南侧为下喇家村。经考古勘探查明，自吕家沟南至黄河北岸的二级阶地前沿均属遗址区，现今的下喇家村大部分房舍、农田及部分经济果园坐落于遗址之上。这里地势平坦，距黄河只有500米，遗址高出河床约20米。据史料记载，明成化十八年（1482年），山西东南部黄河支流——沁河就出现过特大洪水,九女台最高洪水位高出河床23米,河头村洪水位高出河床约27米,支流尚且如此,更何况黄河主流,特大黄河洪暴水位完全有可能上涨到10米~20米,洪水肯定会漫上阶地并冲毁遗址。从地貌条件看,喇家遗址处于黄河上游的一个山间小盆地内,官亭盆地下游为峡谷地带,河道狭窄,西高东低,当爆发特大洪水时,由于下游排水不畅,无法及时泄洪,洪水位在盆地内迅速抬升,并淹没黄河两岸的阶地,造成强烈地冲刷、改造,给喇家聚落带来严重的破坏,随之在整个二级阶地上堆积了厚厚的漫洪相棕红色黏土层。

喇家遗址是一处面积约67.7万平方米的具有古代环城壕沟的大型聚落（相当于3个青海省西宁市新宁广场的面积）,它以典型的齐家文化内涵为特质,以远古强震洪暴等多重灾变遗迹为坐标,以罕见的史前灾难迹象为符号,以久远湮灭恍如隔世的摧毁为印记,镌刻着喇家先祖永恒的辉煌生命和永垂的人生价值,如一尊不朽的无字丰碑矗立在人们心中。考古工作者田野发掘、整理复原、分析研究,厘清了我国远古灾难前所未有的黑暗迷局。

喇家聚落的3号和4号房址建筑结构,由居室、门道、门前场地三部分组成,具备典型的居住功能。人类在天然洞穴群居环境的基础上,逐步摆脱了原始野蛮的存在状态,走出洞穴,选择水草丰美的山谷河川，营建自己温馨的家园。其中，3号房址平面呈不规则近似正方形的窑洞式房屋，坐南朝北，门向北开。南北长3.35米，东西宽3.05米，面积约10平方米。室内地面南低北高，略呈椭圆形，南垣残墙距地面高1米，北垣残墙距地面高0.85米，地面与墙面经过技术性处理，先敷一层厚约3厘米的草拌泥，在草拌泥之上再抹一层厚约0.5厘米的白灰面。在房屋中部挖掘出形状不规整的灶坑，坑内尚存红烧土面及遗留的草木灰烬。南低北高的斜坡门道设置于居室北面0.84米厚的墙壁中部，门框纵向呈前宽后窄扇面状，东西宽0.84米。门外北侧夯筑一处长约1.7米的门前场地残迹。

距3号房址西侧2.5米处建有4号房址，除房屋内外局部构造特征与3号相同外，在室内中央挖掘圆形灶坑，地面呈南低北高、南北长3.81米、东西宽2.95米（南）~3.55米（北）的倒梯形，面积约12平方米。门道设置于居室北面1.46米厚的墙壁中部，门框纵向呈南窄北宽的扇形，东西宽1.7米~1.86米。这个时期的先祖不仅会从使用视角进行思考，而且从美育情趣深度去挖掘，逐渐碰撞出审美价值的灵性火花，酝酿出线面穿插的想象空间。他们大胆地在室内地面和周围墙壁上创意性地涂抹一层白灰面，不仅使屋内整洁明亮坚实耐用，而且还起到了防潮的作用。这种创新思维模式在原始社会建筑遗存中是比较先进的，也是先祖在建筑史上开创的一条先河，更是人类居住方式的一次重大变革。

首先，考古工作者在3号室内东面墙壁中部精心剔出了人骨遗骸2具。1号遗骸约为35岁的成年女性；2号遗骸性别不详，疑为3岁~4岁的幼儿。1号躯体朝北，面部朝上，颌部极力前伸，右侧肩胛骨紧靠东墙壁，双臂紧扣怀中幼儿，臀部压坐在脚跟之上，双腿弯曲跪坐于地；2号遗骸蜷缩于1号怀内，双手搂抓女性腰部。她们很可能是母子或母女，共同在生死隧道中铸就了钢铁般的亲情雕塑，树立了大爱无疆的典范标杆。

其次，更令人震惊的是在4号房间清理出的姿态各异的14具遇难者遗骸，他们不规则地分布在各个角落。没有一条可以通往昨天的路，这些远古亡魂仿佛在黑暗深处传递出求救的信号：哭泣呐喊、攀爬挣扎、跪卧挺立、拼搏推举……

一组：人骨遗骸1具（1号），为15岁~17岁男性少年，身躯俯卧于灶面之上，左臂肘部抬起，右臂弯曲伸过头顶；左腿膝关节曲折于胸前，右腿弯曲外撇，其挣扎与求生的姿态呈现无遗，想以生命的名义撞开死神紧闭着的大门，但是，脆弱的灵魂在哭泣呐喊。

二组：人骨遗骸1具（2号），为8岁~10岁男性儿童，身躯蜷缩于室内中部偏东北处；头南足北，面部朝东，侧身屈肢；左臂弯曲至胸前，右臂上举近似90度；左腿肢骨呈直角压于右腿之上，右腿非正常反折于胸前,这种肢骨反折现象,只有在强力撞击或强压条件下才会形成,仿佛大地鸟因一次折翅而渴望奋飞。

三组:人骨遗骸2具(3号、4号)。3号为28岁~30岁青年女性,在她怀中的4号性别不详,疑似1岁~2岁婴儿,他们很可能是母子或母女关系。3号身躯紧紧跪靠在室内东墙壁的中南部,头北面下,面颊骨紧贴婴儿头顶,上身前倾,臀部坐落在被压碎的两件陶器之上。她左臂将婴儿紧搂,右掌极力撑地,左腿后折外蹬,右腿向后跪立,脚掌骨折上翻。4号面部向上紧贴母亲,双手撕扯3号腰际。灾难突降,房屋倒塌,母亲咬紧牙关顶住重压,想撑起生命的保护伞。

四组:人骨遗骸5具(5号、6号、7号、8号、9号)。他们相聚在室内的西墙角落。其中,5号是14岁~18岁的少年,头南面下,俯身屈肢,他的左手压在6号脊椎骨之上;左腿向前跪地,右腿折曲胸前,脚掌骨折上翻。6号疑似11岁~14岁的少年,头西面下,肢体蜷缩向前匍匐,左手紧压在7号右手腕部,似紧拉7号右手,左腿膝关节脱离弯曲,右腿窝在胸下。7号性别不明,疑为7岁~9岁儿童,头西面北,与6号头骨相挤,侧身卧肢,右臂上举,腕部被6号左手紧紧压在下方,左臂遮挡不清,下肢紧贴胸前。8号为10岁~13岁的少年,头上面北,席地跪坐,上身前倾,紧贴9号,左侧臂膀紧靠西墙壁,肘部撑地,右手前伸紧拽9号,左腿姿势不明,右腿前屈紧挨地面。

9号是30岁~35岁的中年女性。头上面东，背部倚靠西墙壁，身体前倾跪坐，由于5号和8号相互挤压，9号除头部以外，其余骨骼尚未清理。由此判断，本组相拥挤压状态很可能是母子关系或长辈与晚辈关系，他们相互搀扶帮衬的壮举，再现了人类团结友爱的天然本真。

五组：人骨遗骸4具（10号、11号、12号、13号），群体被洪暴强逼到室内的西北角落。其中，10号为10岁~13岁的少年，头北面下，头骨连同背部紧靠西面墙壁，侧身屈肢，左臂姿势不清，右臂猛力撑地，右腿压在左腿上自然前屈，他被冲压在11号遗骸之上。11号性别不详，疑似6岁~8岁儿童，头北面西，身躯被10号强压在地面。12号性别不详，疑似4岁~5岁儿童，头东面下，身体蜷曲团缩在一起，上肢仅见一臂，另一臂不清，头骨非正常压在一条腿上，另一条腿反折胸前，整个身躯严重扭曲错位，推测他生前也许是蹲跪玩耍，灾难之后倒向了一侧。13号性别不详，疑似3岁~4岁的儿童，头西面北，俯身屈肢，姿态极似蛙形，左臂撑地挤压胸下，右臂下垂弯曲。

六组：人骨遗骸1具（14号），为40岁~45岁中年男性，头西面北，俯身屈肢，双臂弯曲匍匐，左腿蜷曲于胸下，右腿曲折，或许有一不明重物借助狂浪的冲击，将他的颅骨与颈椎割裂分离。（图63）

最后，从喇家遗址3号和4号房址内清理出土的人骨遗骸共计

喇家灾难遗址 F4 平面图解示意图

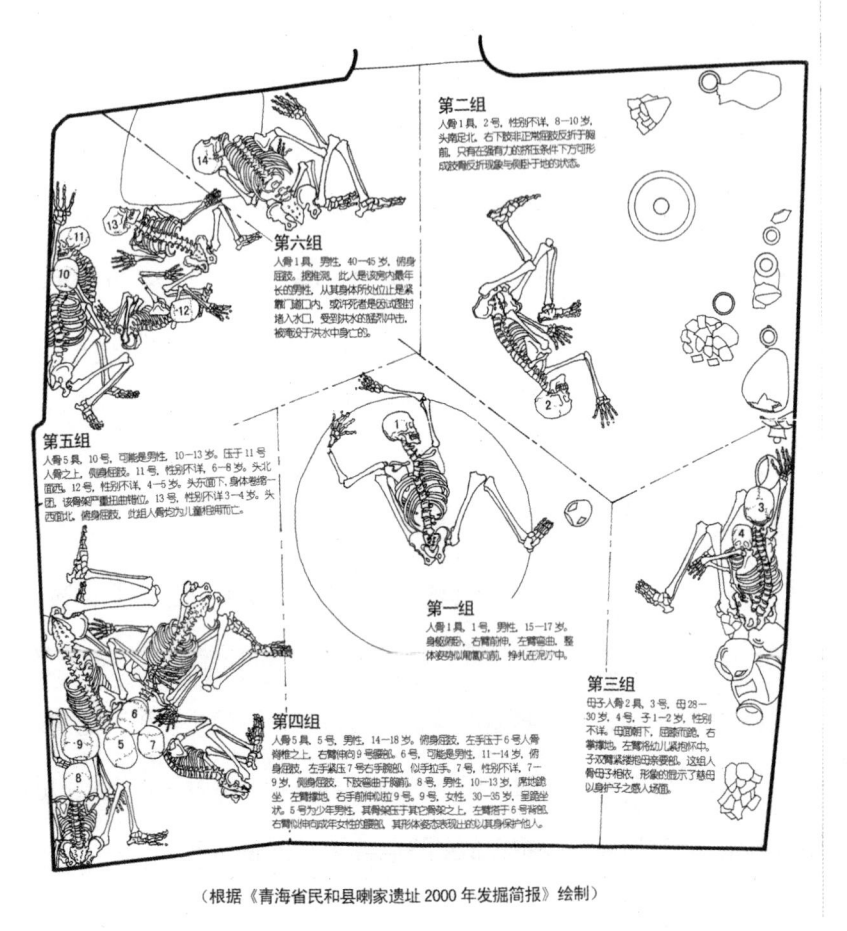

第二组 人骨1具，2号，性别不详，8—10岁，头南足北。右下肢非正常姿势反折于掘前。只有在强有力的外在条件下方可形成致骨折现象与骨屈于地的状态。

第六组 人骨1具，40—45岁，俯身屈股，捂推状，此人是所处位置是整个遗迹内，或许死者是因或醒地入水口，受到洪水中最剧冲击，被冲至于洪水中身亡的。

第五组 人骨5具，10号，可能是男性，10—13岁，压于11号人骨之上，俯身屈股。11号，性别不详，6—8岁，头北面北，12号，性别不详，4—5岁，头形面下，身体略一团，该骨严重扭曲倾斜，13号，性别3—4岁。失西北，俯身屈股。此具人骨为少年儿童相聚而亡。

第一组 人骨1具，1号，男性，15—17岁，身极侧曲，右腿前伸，左腿弯曲。整体姿势如同蜷伏前，挣扎在泥中。

第三组 母子人骨2具，3号，母28—30岁，4号，子1—2岁，性别不详。母面朝下，屈膝跪状，右掌撑地。左臂抱幼儿紧紧要起。子双臂紧搂母亲要部，这具人骨母子相依，形象的显示了慈母以身护子之意人场面。

第四组 人骨4具，5号，男性，14—18岁，俯身屈股，左手压于6号人骨推之上，右臂抱推9号骨盆。6号，可能是男性，11—14岁，俯身屈股，左手被压7号右掌附近，似手拉手，7—9岁，侧身屈股。下肢曲由于掘前。8号，男性，10—13岁，蹲卧坐，左臀撑地，右手前伸抓拉9号骨，9号，女性，30—35岁，呈跪坐状。5号为少年男性，其骨压于三号骨之上，左臂撑于6号骨，右臂反伸向成年女性的腰部，其形体姿态表现出的此人具保护他人。

（根据《青海省民和县喇家遗址2000年发掘简报》绘制）

图63 民和喇家遗址 F4 平面图

16具，他们以罹难姿态分布成7个自然小组，其中，3号房址1组，4号房址6组。按组群辨别，3号房屋内也许是整个家庭，4号房号内很可能由3个家庭成员组成。

按序号排列，3号房址内为一个家庭，共计2人，由1号（约35岁，母亲或祖母）和2号（约4岁，子女或孙子女）组成。4号房址内为3个家庭共计14人，其中，第一个家庭由1组1号（约16岁、长子）；5组10号（约12岁，二子）、5组11号（约7岁，子女）、5组12号（约4岁，孙子女）、5组13号（约3岁，孙子女）；六组14号（约43岁，父亲或祖父），共计6人组成。第二个家庭由2组2号（约9岁，四子）、4组5号（约16岁，长子）、4组6号（约13岁，二子）、4组7号（约7岁，子女）、4组8号（约11岁，三子）、4组9号（约34岁，母亲），共计6人组成。第三个家庭由3组3号（约29岁，母亲）和4号（约2岁，子女），共计2人组成。

综上所述，古代的强烈地震引发次生洪暴造成了喇家聚落在瞬间

青海民和喇家遗址3、4号房址成员关系一览表

房号	家庭	组别	号别	性别	年龄	关系
三号	家庭一	一组	1号	女性	35岁	母亲（祖母）
			2号	不详	4岁	孙子女
四号	家庭一	一组	1号	男性	16岁	长子
		五组	10号	男性	12岁	二子
			11号	不详	7岁	子女
			12号	不详	4岁	孙子女
			13号	不详	3岁	孙子女
		六组	14号	男性	43岁	父亲（祖父）
	家庭二	二组	2号	男性	9岁	四子
		四组	5号	男性	16岁	长子
			6号	男性	13岁	二子
			7号	不详	7岁	子女
			8号	男性	11岁	三子
			9号	女性	34岁	母亲
	家庭三	三组	3号	女性	29岁	母亲
			4号	不详	2岁	子女

毁灭。透过风雨苍茫的历史轨迹,考古工作者在清理人骨遗骸时猛然醒悟,这些遗留在房址内的先祖骨架,其姿态各异、布局凌乱,并没有发现明显的人为肢解、钝器砸击等现象,也找不到杀戮行为造成群体死亡的直接证据。这里的景象触目惊心,处处弥漫着4000年前先祖与死亡抗争的悲壮气息,隐透着人类沸腾起的原始冲动所蕴含的生命冀望。久逝的亡者与世诀别的瞬间身体尚未完全着地,部分身躯悬浮定格在空中。由此,我们大胆设想,当滚滚洪流夹杂着其他杂物一起冲进房屋时,人被水浪冲击淹没后自然会形成悬空状态。几千年之后,祖魂在淤泥层中痛苦挣扎地向我们发出悲鸣的信号,他们冥亡的身姿与红色淤积层相融。正如北京大学城市与环境学教授夏正楷先生分析,来自两座房址内的红泥土堆积层非自然形成,可能来自黄河洪暴的激流沉积。在地层堆积中发现多处10厘米~50厘米不等的地裂缝、塌陷、沙管和褶皱起伏等地震迹象,这里地层错位最宽约1米。引发喇家天灾的是一场强烈地震,而摧毁聚落的则是随之而来的黄河巨大洪暴。先地震后洪水,再现了黄河引爆洪灾的悲惨历程,鸟瞰喇家聚落总体格局,一座十分繁荣的远古城邦井然有序地在大自然的变故中灰飞烟灭,呈现在人们面前的是先祖们曾经辉煌的人生前景。座座坍塌的房屋构建了先祖往日繁华祥和的生活盛况,残留的遗骸勾勒出他们生前农耕与游牧的忙碌身影,无论他们多么憧憬未来,无论们多么渴望来日的归宿,一切都伴随着突如其来的祸难永恒地浇筑在了黄河上游的上、下喇家。

喇家地貌分别由部分拉脊山断裂带和西秦岭断裂带延伸至官亭盆地西部而形成，它地处青藏高寒地区，众多山峰冰川积雪覆盖，暖季到来冰雪融化，山洪、泥石流、滑坡等地质灾害异常活跃。尤其祁连山地、东部昆仑山地是地质活跃区域，地震灾害频繁。从喇家遗址文化层中发现地裂缝、沙漏等，据专家测算，这场地震约为9度，震级应在里氏7级以上，且发生在洪暴之前，地震和洪水间隔时间不长，它的强度如此之大，其破坏力可以想象。相关专家分析，喇家遗址间距积石峡河两岸的丹霞地貌区域只有5公里，激荡的黄河造成岸边岩体崩塌坠落阻挡洪流构成堰塞湖。当河水蓄积超过湖堤所承受的能力时极易发生溃堤，其数十米高的巨浪以排山倒海之势朝下游奔泻，距离黄河不足千米、高出水面不到20米的喇家聚落首当其冲防不胜防。远古时期，先祖们无法提前预测各种自然灾害的降临，从各种遗骸姿态上观察，遇难者甚至无法做到保护自己的生命血脉，更谈何抵御这突如其来的巨变天灾？人类的辉煌历程毕竟无法永远驻留，昔日的宏大憧憬毕竟无法永远闪亮，它带着喇家先民的荣耀一起消失在年轮沧桑的长河之中，只有这些弥漫着古老而神秘气息的宏大废墟，似乎还在向后人诉说着昔日的繁华与强盛。

喇家房址的分布规律与格局，已确认齐家建筑文化涵盖着结构相当完整的窑洞式房舍，巧妙地利用下喇家东南及东北台地上的黄土断崖开凿，房门背对中心位置，具有独特的聚落构建特征，为探讨史前聚落形态的多样化铺设了多纬度的审视范例，绽放出齐家文化社会发展结构耀眼夺目的史前盛景。

纵观喇家房址内清剔出的人骨遗骸的姿态、性别、年龄和种族类型，其颅骨面部特征是：中长颅型、窄颅型配以高颅型，面部扁平度中等；高而窄的面部上眼眶形状为方眶、中眶或方圆眶；鼻根凹处较浅，鼻孔呈心形梨状、中鼻型，鼻前棘发育较弱；犬齿窝发育不成熟，平颌及齿槽凸显；颧骨高突宽大。女性头颅形状较男性略长，眼眶位置较低，鼻形比男性略宽，其余特征均与男性相同。以上喇家人群种族类型的头颅面部特征均反映出与东亚蒙古人种类型有较多的类似因素。其种族类型在史前时期的甘青区域分布比较广泛，延续时间较长，具有相似的一致性。通过对喇家遗址人骨遗骸的初步推断，他们并非死于战争、瘟疫、火灾及原始宗教祭祀活动。

对3号、4号房址内所有人骨遗骸进行观察，其特点如下：3号房址内的1号和2号人骨遗骸与4号房址内的3号和4号人骨遗骸，从各自所处的位置、状态、性别、年龄来看，很可能是母与子或祖母与孙子女的亲缘关系。

再对4号房址内4组人骨遗骸形态进行观察，他们相互围拢聚集，出现长护幼的感人场面，那位年长的女性很可能就是其他4人的母亲。如果说4号房址内14具人骨遗骸属于一个大家族的话，那么三组、四组和五组很可能属于同一个家族的三个不同家庭。如果将一组、五组与六组合成一组进行分析，那么六组的成年男性很可能就是一组、五组其他 5 名成员的父亲。

通过对 3 号房址与 4 号房址使用程度及室内遗物对比观察，惊奇地发现，它们的房屋使用年限与部分遗物制作工艺不属于同一时期。其中，3 号房址要比 4 号房址使用年限长一些。其建筑面积较小，建造工艺较简陋，室内墙壁、地面使用期限较长，磨损程度较重。室内陈设物品较粗糙，很多石器、玉器、玉料、骨器和陶器磨损与破碎量较大。而 4 号房址的建筑构造及室内装饰工艺考究，白灰墙壁和白灰地面均光滑平整，留出西侧活动空间，便于多人活动，中部挖掘直径达 1.1 米的圆形灶坑，满足众人饮食。室内陈放物品均集中在东面墙壁之下，数量较少，磨损与破碎程度较轻。或许 3 号房址的主人因灾害消亡或迁徙异乡遗留下了原有的居舍，晚些迁居而来的先民充分利用了原址，继续繁衍生息。

依据新石器时代早期贾湖遗址房屋面积与居住人口数量统计，其房址面积大体相同的室内居住人口约为 3 人~11 人；按照仰韶文化晚期大河村遗址人口居住数据的推算方法，14.8 平方米的房舍内居住人口约为 7 人，平均 2 平方米居住 1 人。如果采用上述推算方式，那么，喇家的 3 号、4 号房址面积分别为 10 平方米~12 平方米，平均居住 5 人~6 人。再根据现有考古发掘资料统计，喇家遗址发掘房址共 60 余座。

预计居住在喇家聚落内的人口为300人~360人（不包含尚未发掘人数）。如果按照十分之一的人口在灾难后能够逃离现场而生还估量预测，大概只有30人~36人幸免逃生，那么，劫难过后存活下来的人们又奔向了何方？！

我终于践约了一次穿越四千年时光隧道的心灵远行——拜谒了喇家先祖的遗容。

踏上这块先祖们曾经驰骋过的肥沃土地，举目四望，扑面而来的便是滚滚东流的黄河水，田塍上、村舍间、道路旁、水渠畔，秋意正浓。置身于这上昭天光下接地气、落落大方飘飘洒洒的绿色氤氲里，抚摸着树木上被岁月雕琢的皱褶斑斑的苍老纹理，一股原野气息扑面而来，这是人类与泥土亲近的情感旋律。我不知道，是因为感动还是因为忧伤，远离泥土自然法则的我对气味已经全然麻木，已然嗅不到旷野泥土的气息和花开花落的芬芳，也闻不到流水欢唱的清新，这使我变得疲惫不堪。令人过目难忘而耀眼的黄土山系裸露出古朴的岩体——其实色彩是有生命与灵魂的，没有灵魂的色彩只是颜料，色彩是有地域味道的，没有味道的色彩如同没有放盐的菜肴，使人难以下咽。因此，大自然的各种色彩都有自己的生命、灵魂与味道。气势磅礴的黄河还是那样任性地咆哮奔腾、左突右冲地刷洗着两岸宽广的滩地，似乎在伸展风姿绰约的双臂，将喇家搂进它那温暖的怀抱。时空瞬间贯通，衔接着历史与现实，记录着兴亡与枯荣，一种久远的凝重感和发人深省的哲学思辨油然而生。在青海广袤的大地上，岂止是黄河，那长江之奔涌、澜沧江之怒吼，无一不是在滋育华夏文明的乳汁，各族人民在三江源头共同谱写了中华民族五千年的辉煌篇章。我的目光移向闪烁着远古洪荒般近似琉璃光泽的湍急河面，沿着汹涌翻滚的波涛望去，老远便能感到雷霆万钧之势，喇家先祖远离的挺拔身影仿佛在与我对话。从偏西的垭豁口儿放射出金黄的霞光，层峦叠嶂，连绵起伏，蹲踞天边，裸露出紫红色的岩体拥抱大地，行走在黄河岸边，周围一片暖色，身影被拖得很长很长，四千年的悠悠岁月总会撩起我渐渐枯竭的思维空间，在这沧海桑田的背后，深藏着许许多多扑朔迷离、使人浮想联翩的玄妙故事。面对远古人类遗留下的种种迹象，可以明显地感觉到大自然中微妙的变迁，过去的地理环境绝不像今天这样，山高路远丛林茂密，豺狼鹿豹成群出没，这绝不是我们今天的猜想，而是喇家遗址提供给我们的有力依据。

毫无征兆的天灾突然降临，地动山摇，波涛翻卷，滚滚泥石流封堵住了喇家先祖逃生的通道。遇难者们的惊叫哭泣遍布旷野，他们跪卧挣扎，匍匐爬行，集聚抗衡。在3号与4号室内相同的东面墙壁下，两位母亲的伟大壮举惊人地相似，令人剜心，她们在极度恐惧与无奈之中，以奇特的朝拜姿势跪地全力庇护怀中的生命火种，用母亲那天使般柔弱温暖的双手撑起了人性的崇高，折射出灾难降临以身护子的母性的闪光点，而幼小的人儿本能地紧拽住妈妈的腰际，求生的欲望显露无遗。母亲高昂着绝望的头颅,仰面苍天,尖呼哭泣,似乎在向上苍乞求生存的恩赐,她们双腿跪卧在墙角下全力拼搏的天然本性凸显出善良的伟大母性。然而,幼小的娃儿哪里知道天堂和风与地域阴气的严酷,还本能地贪婪地吮吸着母亲的乳汁,却不知母亲已在去往天堂的路上。她们的血肉之躯历经重重磨难,誓死护卫着怀中的种子,尽管自己的身体被倒塌的墙体压垮失去知觉,其护佑孩子的精神还在延续,这种奇绝本能早已超越了生命极限。这两组母子相依的人骨遗骸,镌刻在苍宇轮回的轨迹之上,形象地再现了大难临头慈母以命相搏的感天动地的人文情怀。

废墟里传出父亲呼喊女儿乳名的急促叫声,儿子哭吼着紧扯母亲的衣襟,每条鲜活的生命都想拽紧亲人的手,生怕他们从自己的身边消失……父亲急速地挺起魁梧的身躯试图堵住狂暴的巨浪,而肆虐无情的洪流夹杂着尖锐的砺石猝不及防地朝他猛烈扑来,父亲的头颅毫无反应地被利器削去,肢体却仍然与洪暴继续搏击。他背后五个极度恐惧的孩子挤成一团,拉扯父亲一起朝门外冲撞,残暴无情的激流将他们疯狂击打,这些强忍着剧烈疼痛的孩子倚靠西墙艰难地向门口攀爬,再次抵抗洪流的强袭,最终铸就成永垂不朽的顽强雕塑,形成强震突降向外逃生的奇特坐标。歇斯底里的妈妈吼叫着五个慌乱的孩子,其中年近成人的长子使出浑身解数,张大双臂奋力捍卫着身下的兄弟姐妹,并声嘶力竭地大喊被激流卷走的另一个弟兄,他们拼命地拥聚到妈妈身旁。竭尽全力的母亲将身边的孩子朝门外推去,他们却被高浪洪流直逼到西南角落。这位母亲终于精疲力竭无法直立,在生死诀别的一刹那,浇铸成母佑子、长护幼的感人身姿,凝固的亡魂怀抱温暖释放情感,给人带来极为强烈的心灵震撼。大量亡者身体骨折甚至严重变形,都是在地震中被突然倒塌的杂物重压所致。那种种撕心裂肺充满血腥的凄凉场面,使人一时间混乱了时空,好像听到野兽恐怖的号叫与先祖悲凉的呐喊,又似乎看到那位慈母用自己瘦弱坚挺的脊梁支撑起大自然突降的灾难,冥冥之中,恍惚有一道颤动的灵光在时空隧道里跳跃蛇行,那光像不断传递着的生命的精液,又像生命的密码,一路蹿动……

是什么天灾摧毁了喇家聚落?又是怎样的患难铸就了先祖们惨烈而动人的态势?到底是何种祸患凝固了族群的血性?喇家遗址最揪人魂魄之处在于真实地还原了灾难降临时先祖们垂死挣扎的各种动态,以瞬间毁灭凝固、穿越亘古洪荒的惊天谜底轰动现代人类。无数个跳跃的精灵,被牢牢地浇筑在黄河北岸,无数个原始的梦幻泼洒在废墟幽谷……或许,就在我们的脚下,不知道还有多少祖辈的灵魂在呻吟在哭泣?还有多少祖魂的尸骨销声匿迹?还有多少找不到归宿的远古族群飘散在猎猎的寒风冷雨之中?此时,我在这方净土上滋生几许猜想,先祖们沉睡在青藏高原这片荒芜的土地上,而他们的聚落就这样崩塌残破在光天化日之下,暴露着冷冰冰的形骸,既像是炫耀久违的瑰丽，又像是缅怀流逝的芳华，使人心灵深处泛起一波无限的悲凉。想到这里，我久久地静静地凝视着苍茫的远方，一种奇怪的幻觉闯进我的脑海，远古时期的大陆板块好像在我面前再次碰撞，龟裂成深思的碎片，近百年来，几乎所有最伟大的田野考古都引向那个遥远的年轮，人类文明的底色始终是追求永恒的和谐。那些曾经辉煌灿烂的先人智慧似乎在一夜之间灰飞烟灭无从考证，当现代人感受到它的精华并试图探究其奥秘时，甚至难以与之遥相呼应，便也无法给自身确立一个探索前进的方向。

回溯 4000 年前喇家聚落一个晴朗的早晨，太阳冉冉升起，狗儿们欢快吠叫穿街走巷，娃儿们蹿上屋顶玩耍打闹，婆娘们背靠门框手捻毛线，爷儿们肩扛黄羊满载而归，一派生机盎然的喜悦色彩……然而 21 世纪的同一个村落，从前的居民已被掩埋在杂草丛生无法辨别的黄土层下不复存在，黄土之上绿浪翻滚阡陌纵横，那些袒露的残垣断壁和散落的零星碎片似乎在默默地警醒后人，这里曾经有过繁荣的盛景，让世人在撕裂的文明中去反思历史的教训。

当现代人类漫步在喇家遗址的废墟上时，会有几人怀想那久远的残酷遭遇进而深度探究与思索？又会有几人面对这残酷现实而汲取惨痛的教训与悔悟？与此相反，极其荒唐的报道说，今天的喇家给无数人带来了瑕疵的向往？诗人们费尽笔墨肆意赞美！考古学家们则深感遗憾，甚至有些文字在阐述到喇家灾难遗迹的惨烈时，竟然引用公元前 6 世纪建于罗马帝国的庞贝古城遭受维苏威火山喷发灾难"相媲美",哎!难道考古工作者殚精竭虑地揭开喇家惊心动魄的灾难,仅仅是为了与庞贝古城的残酷遭遇相比吗?是比谁最悲惨,还是比谁最惨烈?这样难道符合人类仁慈善良的天性吗?其实不然,考古发掘的真正意义所在,以史为鉴,修正自身;引以为戒,抵御重演;展望梦想,开创未来,这是现代人类应该永远铭记的警示。喇家遗址不仅仅是一座记载祖先印迹、供奉瞻仰的纪念碑,更是从一辈辈先祖手中传承至今的生生不息的血脉精神,需要我们竭尽心智先体会,后保护,再利用,再传承。所以,我们总是在举手投足之间便轻易地割舍了文化的脉络,抉择了新的途径,总是在历史发展进程中迷失了前进的方向以后,才会珍惜往日曾经挥霍和肆意践踏了的一切文明创造,包括故土的乡愁,也包括妄为的自己。

　　每次劫难都展现着人类智慧的个性,每道伤痕都绽放着人性文明的光芒,让古老的碎片变成永恒的思念,在静默中期待心灵底层微微战栗的回音。喇家先祖远逝的背影在黄河谷地的山山水水之间徘徊,聆听着经久不息的涛声,阐述着久远的玄奥幻语,成为后世高举的灵幡,而人类不屈不挠的生存蕴含着天地造就的辉煌……

齐家文明

洪水泛滥时期，一支古老的族群因水患困扰，千山万水长途跋涉，登上了青藏高原的黄河谷地，辗转到达了官亭盆地的喇家地段，历经世代艰辛拓荒，创建了具有齐家文化特质的喇家聚落，它具备了较为完整的社会结构，规划出布局合理的城邦雏形，开辟了远古农耕文明的先河。他们在美丽富饶的高原净土上安居乐业，追求美好生活的远景，充分发挥了创想与才智，凭借精湛而超凡的技艺，再现了当时手工业的最高成就，在我国古代史上具有划时代的意义，证实了齐家文化的社会发展已从新石器时代进入青铜时代。

1924年，瑞典学者安特生先生在甘肃省广河县齐家坪首次发现一种新的文化遗存，命名为"齐家文化"。它地理分布比较广泛，东起泾水、渭水流域，西达青海湖畔，南抵白龙江流域，北入内蒙古自治区阿拉善左旗鹿团山附近。青海境内的齐家文化遗迹共449处，其中，比较突出的有民和喇家遗址、乐都柳湾墓地、西宁沈那遗址、大通上孙家寨墓地及共和尕马台墓地等，它们繁衍生息在同一个历史时段，为青海灿烂悠久的历史文化创造了辉煌的物质、精神财富。

1948年，我国著名古人类学家、考古学家裴文中教授赴湟水流域进行史前考古调查时，在小桥村发现一处新的遗存，命名为"小桥遗址"。它坐落于青海省西宁市马坊乡小桥村，位居湟水及其支流北川河交汇处的二级台地上。北起阴坡，南至坟墓沟，东抵宁张公路，总面积约10万平方米，是青海境内发现的面积较大、文化内涵较丰富、保存较好的一处古代聚落遗址。20世纪50年代，考古工作者曾经多次对这里进行考古复查，并更名为"沈那遗址"。1979年11月9日被西宁市人民政府公布为第一批市级文物保护单位。1986年5月7日又被青海省人民政府公布为省级文物保护单位。1990年，沈那遗址被列入青海省重要考古发掘项目之一。

1991年至1993年，青海省文物考古研究所对"沈那遗址"进行两次田野考古发掘工作，初步查明早在四五千年前，这里气候宜人，水草丰美，依山傍水，为宜耕宜牧创造了良好的条件。最初马家窑文化的一支族群在此定居，从事农牧业生产活动。随后，齐家文化的先祖又在这里延续发展，创造了繁荣的社会景象。考古队员在遗址中发掘出4条很可能是原始水利设施的灰沟，清理出布局密集、排列有序、冬暖夏凉的圆形、方形半地穴式房址17座，其室内的地面和墙面精心涂抹了一层白灰浆做装饰，十分考究的白灰处理既解决了阴暗潮湿的问题，又起到整洁美观的作用，这是青海境内齐家文化房屋建筑中最为普遍的装饰风格。另外，还发现在房屋周围分布着圆形和椭圆形的灰坑，大小不一内设二层台的窖穴，成人和儿童陪葬品极少的墓葬21座，种种迹象从侧面印证了私有现象的产生，而大型灰坑中堆积的杂物则反映出当时的经济关系和社会形态发生了新的转变。从遗址中出土各类文物共计690件，主要有石器、玉器、骨器和陶器。如砍劈木材和挖掘土地的石斧与石铲，收割稼穑的半月形石镰与中间钻孔的长方形、三角形和两侧凿缺口的石刀，农作物加工的磨谷器、石磨棒和石磨盘等，此外还出土了石锛、石凿、石杵、研磨器、石纺轮等农业生产器具。与此同时，制作精良、通体磨光、棱角分明的玉器大量出土，以玉璧为主，其次是玉斧、玉锛、玉凿等。这时的玉器功能已从生产工具朝着礼器的方向转化，伴随着社会贫富分化的现象，用玉、贵玉、重玉的思想不断刺激着人们对玉的追求和向往，祖辈们不断精选色泽柔润质地细腻的玉料，运用精湛的技艺巧夺天工浑然一体，玉被先民们视为财富、地位和权力的象征。

这里出土了大量的牛、羊、马、猪、犬、鹿及少量的禽类动物骨骼，各类骨制品共计133件，有骨凿、骨铲、骨纺轮、骨镞、骨匕、骨叉、骨簪、骨管、骨锥、骨针和兽角器等用具。其中羊骨数量占重要比例，足以证明当时农耕生产的发达促进了畜牧业水平的进步，不仅解决了肉食能量的补充，而且充分地利用了各种动物的皮张和兽骨进行深入加工。这些制作精良的骨制品经过选材、裁割、修削、砥磨等多道工序完成，骨锥和骨针既可用于皮革、服饰以及铺垫的缝制，也可用于锥刺划刻陶器纹样，由于年代久远，皮制品难以保留，大量坚硬的骨制品存留下来。可喜的是，在陶器底部惊异地发现了很可能由麻类植物编织而成的布纹印痕，结合石、骨、陶质纺轮的大量出土判断，其纺织业已从农耕生产中分离出来并有相当高的生产水平，纺织工艺很可能是由女性承担的。先祖们充分利用动物肩胛精心烧灼出原始宗教活动的卜骨，为天、地、人三者之间的祷祝架设了沟通的桥梁。此外，在遗址内清剔出众多的粟粒遗痕，由此反映出齐家文化十分发达的农耕生产技术。

齐家时期的制陶工艺是在前辈的基础上探索出的普遍运用的"慢轮修整"新技法，它不仅提高了生产效率，而且也使陶器的品质得到了升华。当时的人们已经掌握了氧化焰和还原焰的烧窑技术与方法，烧制出的陶器质地细腻、胎薄精致、器表光滑、经久耐用，考古界将这一时期的陶器质地称为"蛋壳陶"，形容它壁薄坚硬，这是那个时期制陶技艺的重要特征，也是当时陶艺烧造技术的最高水准。常见的

图64　圆銎宽叶倒勾青铜矛
1992年出土于青海西宁沈那遗址　齐家文化

陶器造型除双大耳罐、高领双耳罐、侈口罐、陶盆、陶碗外，还研制出三耳罐、三足鬲、陶盉、陶豆等十多种新器型。为了使陶器更加坚固美观，陶工们还在器物表面施加各种不同的装饰手法，捏出波浪状的附加堆纹，拍出蓝纹，划出绳纹，摁出指甲纹等。在彩绘方面也与前人大相径庭，运用黑彩和紫红彩绘出简练清爽的叶纹、菱格纹、波折纹、三角纹和方块纹等组合纹样，给人带来经久耐用的生活便利。尤其是"慢轮修整"技术的出现，为后世陶瓷工艺的拓展夯实了坚固的基石，这是史前手工业技术革命的一项显著标志。

　　生活在西宁市的现代人几乎都知道沈那遗址，而知道从31号探方内第三层74号灰坑里出土的圆銎宽叶倒钩青铜矛的人就不多了——它是我国目前出土的最大的古代军礼器，堪称"中国矛王"。

　　这件青铜矛古锈斑驳、冷峻威严、形体宽大，令学术界无比震惊，它呈双面锋刃阔叶状，长61.5厘米，宽19.5厘米。矛体前锋浑圆，中部两面铸起1.5厘米高的中脊，左右两侧铸片翼；较长的圆銎下端铸一钮和三道凸起的圆箍，与刃部接合处铸一倒钩，銎内残留木柄痕迹。（图64）铸造技术验证，至今圆銎两侧及钮、倒钩处仍然保留着合范铸迹，由此表明齐家人已经掌握冶铜和熔铸分化的工艺，除单范仍在沿用外，合范已经开始出现，它采用多范铸就。矛的两侧宽叶薄厚均匀，器表平整，无疑已经超越了天然铜锻打成器的初级阶段，进入了一个冶铜熔铸分化工艺的新时代，其冶炼铸造技术已达到较高水平。冶铜业是齐家文化时期手工业技术的一大突出成就，然而，这件硕大而精致的圆銎宽叶倒勾青铜矛实为西陲之地远古文明中的典范之作。1996年，经国家文物鉴定小组确定为一级文物。

"矛"为古代杀伤类兵器之一。铜制矛头由"身""骹"两部分组成。矛体铸锋刃，中线称"脊"。骹内中空，略呈圆锥形，用以插长柲，柲端铸铜饰称"镦"，既起到装饰作用又防止使用时脱手，矛头套装在长柄之上，是直刺的绝佳兵器。据传，戈、矛、戟在五帝时代便已诞生，独霸东方的蚩尤是制造这类冷兵器的鼻祖，故后世称他为"兵主"。最初的矛经常采用尖石、兽角、兽骨、竹木等材料制作。先秦典籍《韩非子·难一》记载："吾矛之利，于物无不陷也。""矛"流行于商周至汉代时期，它不仅是进攻性刺杀兵器，而且还是拼杀技术与勇武力量相结合的象征。而"盾"则代表着防护性武器，矛与盾之间相互依存，形成"有攻就有防，有防必有攻，相克相连，交替使用"的态势。商周时期，青铜冶炼铸造技术趋于成熟，冷兵器开始普遍采用青铜材质，双面刃的铜矛广泛使用。春秋战国时期，铜矛的造型逐渐变长，锋部越来越厚实。汉代以后，则大多采用铁质。戈与矛组合在一起使用的武器叫"戟"，既能直刺又能横击还可钩杀，拼杀功能大大增强，杀伤力极为强悍。这一时期更加流行的是铜戟，戟上的戈构件与矛构件多分开铸造。当时把矛长两丈的叫酋矛，两丈四尺的叫夷矛，三丈的叫厹矛。《书牧誓》云："称尔戈，比尔干，立尔矛。"《考工记·庐人》曰："酋矛常有四尺，夷矛三寻。"郑玄注："把持曰寻，倍寻曰常。酋、夷，长短名。"将矛制作得尤为精美。然而，沈那这件富有神秘气息的青铜矛，历经4000年的光阴，漫漶出锈迹苍老的痕迹。从它的体量上看，岂是一般人所能拥有的实用兵器？谁能轮动？谁能耍动？它绝非实战武器，很可能是族群中充当指令的权杖，抑或原始礼仪与宗教活动中巫觋所使用的"法器"。不论它的实际功能如何，就其矛体上熔铸的倒钩部件，一定是敌我双方实战拼杀总结出经验进而设计出的。它除了可以直刺、横扫技巧外，还可进行钩杀，这种创意真可谓冷兵器中之全能。我们大胆设想，在硝烟弥漫的战场上，双方将士铁马惊骑奋勇交战，一位叱咤风云手执倒钩青铜矛的勇士冲到阵前，运用直刺目标、横扫一片、钩杀敌马等战术，重要的是将敌方马腿钩断，迫使战马失去作战能力，起到决胜的把握。因此，齐家铜矛的倒钩正是戈构件与矛构件相互结合熔铸一体的兵器，也是壮士在实战过程中使用的青铜"戟"的早期创意雏形。

审视青海高原的古代冷兵器，不只是沈那遗址出土的那件巨形铜矛，还有散落在各地的矛形器渗透着逼人的血腥痕迹，震慑着远古战争的惨烈。1974年，在青海乐都柳湾墓地齐家文化墓葬中出土1件扁平磨光的石矛；1999年，在青海民和喇家遗址F4出土1件两侧刃缘磨制锋利的齐家文化石矛；2006年，在青海大通长宁遗址出土1件齐家文化石矛；1983年，在青海湟源大华中庄卡约文化墓葬中出土铜矛6件。这10件造型相近、功能相同的矛形器均属古代冷兵器的范畴，它们共同印证了西陲之地古代社会变革中战事频繁的一个侧面，深刻揭露了人类的原始本性，处于齐家时期的各个族群为了扩张自己的领地，抢夺水源，霸占草场，掠夺食物，屠杀战俘，强抢女人，频繁挑衅，为了交战取胜无奇不用，诸如用于狩猎与生产的石镞、石球、石斧、石锛、骨刀、古匕等都投入到了战争之中。齐家文化正处在氏族社会发生重大变革的战争频繁阶段，族群之间的打斗已经十分残酷，冷兵器的研制直接反映战事的需求，其战争的成败则为国家组织雏形奠定了坚实基础。

从人类开始利用铜器的历程考察，出现了红铜与青铜、锻造与铸造之分。最初利用天然铜锻打一些小件饰品，诸如铜指环、铜泡、铜刀等用品。随后，在锻造红铜过程中把锡矿石或铅矿石与铜矿石融化在一起，以增加物件的硬度，冶炼成青铜合金。

1977年，在青海省海南藏族自治州贵南县拉乙亥乡昂索村尕马台齐家文化墓地M25号内，有一位40多岁的成年男性俯身直肢久卧于此，他胸下压着一面直径8.9厘米、厚0.3厘米、重109克的圆形七角星纹铜镜。它采用单范浇铸而成，表面完整平滑，背面周缘及镜钮

图 65 七角星纹铜镜 1976年出土于青海贵南尕马台墓地 齐家文化

内缘铸有凸起的弦纹围绕，其主题纹样则以内缘为轴心，向外缘辐射凸起的七角星纹，形成内外 14 个三角形纹样，在七角星纹之外的 7 个三角纹内铸满凸起的斜线纹，镜背中心铸钮。又在镜的边缘铸有两个小孔，两孔之间有一道凹入的绳勒痕迹，考古队员清理时发现有残朽的木质镜柄，镜柄是通过镜缘的双孔用细绳捆绑固定的。经中科院考古研究所快中子放射分析法鉴定，铜和锡的比例为 1∶0096，属于青铜器。（图 65）资料报道后，立即引起相关学者的极大兴趣与热切关注，"七角星纹铜镜"是我国迄今发现最早的一面铸有纹样的铜镜之一。

这一惊人发现缩短了时空的限制，使现代人类直面苍茫亘古的生活用品，它真实地再现了祖先在艰苦岁月中对美好生活的追求与向往，并祈祷上苍护佑自己族群久远万代。这面铜镜的拥有者，其墓地居于整个墓地的中心位置，墓内陪葬品颇丰，仅骨珠就有 583 粒，绿松石 16 颗，海贝 11 枚，墓主人无疑在这支族群中具有显赫地位。它与沈那巨矛都已进入中国文物之最行列。

在遥远的古代社会，我们的祖先只能借助一汪波动的溪水观看自己的容颜与倒影。夕阳把一个路过溪流的窈窕少女的皮肤染成了金黄色，她的身影被光芒斜射在流淌的河面上，无意间她突然发现在近处较为平静的河面上有一个影像随着自己的走动而动，停留而留，近前而大远去而小，靠近清晰远离模糊，忽而一阵微风掠过她的面颊，水中的影像便模糊不清了……她再次轻手蹑脚地靠近水面，看见自身的影像并陶醉其中。后来不知又过去了多久，先人们在打制石器时发现一种叫黑曜石的材料经过抛光后可以照出影像，并由此产生制作照面用具的萌动，最早的石镜就这样诞生了。陶器烧制成功后，人们又将陶质器皿盛满水作为照面的用品，于是，最早的可移动的水镜便出现了，古人称其为"瓦鉴"。当时提水的活计多由女性承担，每当她们拎着尖底瓶在流水淙淙的小溪边汲水时，总是忍不住俯首仔细观看水面上自己的容颜，尽可能记住自己身上与众不同的特征，那飘逸的黑发和熟悉的面庞，那单眼皮和微微凸起的颧骨，那棕黄色的面颊和微宽的鼻翼，那有棱角的下巴和独一无二的形象不同于部落里的任何其他人，那是一个早已懂得装扮自身的浪漫时代。当历史步入青铜时代，以铜器盛水鉴容更为普遍，如果将铜器表面打磨光滑，即便无水也可照面，祖辈受此启发，进一步将盛水的铜器扁平化而制成铜镜，正如郭沫若先生所说："古人以水为鉴，既以盆盛水而照容，此种水盆即称为鉴，以铜为之则为鉴,鉴字即像一人立于水盆旁俯视之形……"

古人认为铜镜的制造和使用始于黄帝时期,《轩辕黄帝传》曾记载:"帝因铸镜以像之,为十五面,神镜宝镜也。"《轩辕内传》则载:"帝会王母于王屋山,铸镜十二,随月用之,此镜之始也。"《述异记》载:"饶州俗传,轩辕氏铸镜于湖边,今有轩辕磨镜石,石上常洁,不生蔓草。"上述关于先圣制镜的记载虽然只是传说,但充分反映出我国制造铜镜的历史悠久,说明它的历史可以追溯到古史传说时代。

考古发掘资料证明,除尕马台铜镜外,甘肃广河齐家坪墓地也出土了一面相同时代的铜镜,齐家文化属原始公社解体时期的新石器时代晚期,距今约4000年。我国铜镜的发明远在先秦时代,战国时期已经很盛行。铜镜出现后,被称之为"瓦鉴"的可移动的水镜渐渐被淘汰,当时铸造的铜镜多呈圆形,镜体轻薄精巧,边缘卷起,钮乳较小,纹样多以几何形组成。汉代的铜镜胎体更薄,平边圆钮,装饰更加趋于程式化,并出现了铸工精美的浮雕画像镜。唐代铸造的形式多样、装饰考究的铜镜,其精美度已达到鼎盛,更加显示出它那富丽堂皇典雅华贵的气度。宋代以后铸造的铜镜风格则较为简单,注重实用性且不尚装饰,我国古代铜镜的铸造技术已达到非常精湛的程度。诸如战国时期的山字纹镜、汉代的神兽镜、唐代的海兽葡萄镜等等,均为各时期的经典之作。此外还有将神话故事巧妙地刻画在镜背上的,如汉镜背面出现的"西王母"、"东王公"、青龙、白虎、朱雀、玄武四神的图案以及忠臣伍子胥像等。唐代镜背出现嫦娥奔月、孔夫子向荣启期等，开创贞观盛世的唐太宗皇帝对铜镜曾写下这样精彩的名句："人以铜为镜，可以整衣冠；以古为镜，可以见兴替；以人为镜，可以知得失。"现在读起来还是那么富有哲理耐人寻味，铜镜的使用直到我国清代以后才逐渐被玻璃镜所替代。

在我国古代，铜镜还有另一种实用功能，即取火工具，称为"金燧"或"阳燧"。其平坦光滑的正面用于照容，凹凸不平的背面则可向阳取火。根据《考工记·辀人篇》曰："金锡半谓之鉴燧之齐。"其注说："鉴燧，取水火于日月之器也，鉴亦镜也，凡金多锡，则忍白且明也。"晋代崔豹《古今注》云"阳燧，以铜为之，形似镜，照物则影倒，向日则生火，以艾炷之则得火"，这使我们深刻地认识到古代铜镜的多种功用。以镜取火的历史直到明清时期火柴的问世才逐步消亡。

祖辈们根据铜镜的多重用途，又赋予它更多的神秘内涵，如探病与照妖等神性。《龙江录》云："汉宣帝有宝镜如八铢钱，所见妖魅，帝常佩之。"《西京杂记》亦云："汉高祖得始皇方镜，广四尺，高五尺，表里有明，照之则影倒见，以手捧心，可见肠胃五脏，人疾病照之，则知病之所在，女子有邪心，则胆张心动。"铜镜在生活中被附会了更多的迷信隐喻，随着时间的推移，它在民间形成了各种风俗，人们常把铜镜悬挂在门前、院内、屋壁等处，借以照妖辟邪祈求吉祥。因此，铜镜在民间又被拓展到占卜领域，逢年过节的夜晚，先祭拜灶神,然后在盛满水的锅里放一把勺,拨动勺把使其转动,待勺停止转动后根据柄把所指的方向抱镜出门窃听人言,以第一句话为兆,回来占卜凶吉,称为"镜听"。唐代王建《镜听词》中有这样的描述:"重重摩挲嫁时镜,夫婿远行凭镜听。"此外,它在民间婚俗中也是必不可少的新婚必备礼物。相传,唐太宗之女文成公主远嫁吐蕃赞普松赞干布时,为了安慰心爱女儿思念父母及宫廷之心,特制作两面日月宝镜,寓意日镜可以望见父母和亲人们的仪容,月镜能够看到长安及宫廷,之后相沿成俗。在青海一些地区仍然保留着这种传统的习俗,女儿出闺盛装后用红绳穿入铜镜柄孔,必须背上日月宝镜方能起程,其背后较大的镜子象征日,胸前较小的镜子象征月。贵州一些地区的婚俗是待新娘坐定花轿后,要将轿内备有的一本皇历和一面铜镜背在身后,提取"黄道吉日,铜镜团圆"的寓意,人们相信这样可以祛除邪气。在湖北神农架,丧葬仪轨很奇特,亡者出殡前,必须要有一位他的子女手持镜子举过面首坐在棺前守灵直至入葬。其寓意这样一照等于家中抬出两个死人,以后不会再遇丧事了。铜镜也是非常重要的陪葬品,甚至出现了专供殉葬的"冥镜"。

我国古代的铸镜技术通过丝绸之路传到了西方一些国家,并得到了推动与发展。公元300多年前,古罗马人运用多种金属冶炼铸造出各种各样的金属镜,其中照影反射效果最好的是银质镜。聪慧的意大利威尼斯人研创出世界上第一面玻璃镜,当时的威尼斯工匠先在玻璃上贴一层锡箔，然后浇注水银，使锡溶解成"锡汞剂"牢牢地粘在玻璃上形成镜子，这种工艺给制镜业带来了一次技术革命。

利用水银（汞）镀制玻璃镜技术始于1840年的英国人。1850年后，随着溴化银镀料的研制成功和工艺的简化，玻璃生产业迅速扩大，玻璃镜出现在中国市场上。中世纪，随身携带的手镜普及，雕刻工艺极为精湛的玻璃镜装嵌在金属或象牙盒中，便于贵妇人出门携带，已成为当时上层社会妇女追求时髦的奢侈品。清同治年间，玻璃镜的魅力使垂帘听政握有实权的慈禧太后大感兴趣，她命人设计一面半月形的镜子，梳妆打扮时无须转动身体，从不同的角度均可一目了然地看到自己的容颜、发式乃至衣着穿戴，这面镜子成为当时的中国一绝。

现代的镜子不仅用于梳妆捯饬，还有娱乐功能。19世纪初，我国上海"大世界"娱乐场所里出现了"哈哈镜"，这种镜子是利用镜面凹凸原理研制而成的，它可将人的面容和身躯反射变成或大或小或高或低或胖或瘦的稀奇古怪的样子，惹得人们开怀大笑。

铜镜在我国古代社会生活中具有极高的地位，它不仅实用而且做工精湛，尤其是镜背的各种装饰图案、传说故事以及铭文，均与当时的思想文化密不可分，成为后世研究和认识古老文化的宝贵资料。今天的铜镜虽然已经退出了历史舞台，但是它的史学价值并未随着时间的流逝而泯灭，它的神韵仍然在中国传统文化的遗产中绽放着夺目的光彩。

作为青海重要遗产之一的齐家文化,是祖先留给我们十分珍贵的精神财富,它以包罗万象的实物内涵见证了中华悠久而灿烂的艰辛历程,无疑为探索黄河上游地区早期文化进程穿接了一条血脉相承、文化相通的七彩纽带,对华夏文明起源研究增添了极为真实的分析数据,填补了西陲源头新石器时代与青铜时代的衔接环节,贡献了齐家部族不可磨灭的辉煌业绩。

肆

星宿何方

净地涂炭

　　曾经繁华盛景的喇家聚落被浩渺无涯的洪流所湮没，沉睡在废墟下的无数生灵失去了往日的浓烈喧嚣，阴沉的黑色云雾上飘舞着族群的片片麻纱，孤苦伶仃的苍柏枯枝上聚集着群群乌鸦，长长的哀鸣显得格外凄凉，龟裂的崖壁曲径攒动着一伙伙眼红身伤四处奔波的身影，他们争先恐后地飞越山脊，他们奋不顾身地跳入水中，抡圆臂膀扒开断壁残垣，拼死气力从洪荒中捞起奄奄一息的亲人故友，灵与肉的血脉汇成了人类永恒的主题。

　　黑暗泥泞的阴淖下燃烧着点点顽强的生灵火花，照亮着挣扎求生的身影，在漫漫子夜灵与肉惨遭肢解的时刻，一双双血肉模糊的臂膀为一个个涂炭的生灵撕开一道生死诀别的临界口，就像高贵的蹀躞蜕变，涅槃的凤凰腾空而起，凿通了古老族群轮回转世的重生孔道。囚禁的火焰转身便是黎明，颗颗泪滴凝成晶莹璀璨的刚毅钻石，闪烁着生生不息的妙境灵光，众多灵魂铸就起顶天立地的坚挺腰背，奏响了不朽文明智慧的梵音，为后来者的奋进铺垫了警示的坦途。

附近狩猎的青年十俰躲避了天地震颤的灾难突袭。瞬间，大地的撕裂与房舍的坍塌将美丽的家园夷为平地，遥望苍茫的天色与川流的水面融为一体，一种强烈的疼痛撞击着他的心房，他发疯似的急速冲出沟谷，朝着消失的聚落突奔，脚腕上防御野兽的铜铃撞击出响声。他拼命地寻找着自己女人的窑洞的大致方向，高声呼喊她的名字——狐媚！狐媚！蹚过浑浊搅拌着死难者血泊的泥淖，扒拉着倒塌的房舍残壁，洪流漫过他的腰身撞击着胸膛，稀泥在他的脚下四溅开来，最终他在西面窑洞中拖拽出奄奄一息的女人，从心底喷发出剜心绝望的悲鸣，股股酸楚的气流卡在喉咙，他紧紧咬住干裂流血的嘴唇，强忍着极度的哀伤将她缓缓地抱到一块平坦的空地上，心疼地抹掉她脸上的污泥，不停地呼叫着她的名字，摇晃着她的肩膀，用自己滚烫的身躯焐热她寒冷的肢体，将干裂的带有血丝的热唇紧紧地吻贴在她冰凉的嘴唇上，反复朝她口中吹着热气，股股热流传送进狐媚的体内，她似乎出现了微弱的气息，手指好像微微抖动了一下，一声长长的抽泣从她的口中喷出，她的双眼缓缓地睁开。他看到她苏醒过来，饱含热泪激动万分，使出全身力气将她紧紧地搂抱在自己宽厚颤抖的怀里，他仰望苍穹跪拜大地，无限感念上天的恩赐。回过神来的狐媚定睛陌生而又熟悉的男人呢喃道："是他？是十俏！"猛然抓紧他放声恸哭，阳刚粗犷的十俏被这突如其来的惊喜感动得热泪盈眶，匍匐在地向上苍祈祷生死离别后的重逢。过了片刻，女人深情地望着自己心中的男神，泪水洗面嘴唇嚅动似乎想要说点儿什么，却被猎人一只粗糙的大手制止："狐媚，老天留下了你，是我修来的福啊……"

狐媚倚靠在男人刚劲的臂弯内，遥望东方殷红的霞光从山谷上冉冉升起，山水相依，血脉相连，回味着灾难降临死而复生的侥幸。突然，从远处传来撕心裂肺的哭喊，寻声望去，一个披头散发裸露着半身蹚入泥泞里的中年女人，紧抱着气绝身亡的孩子，神情恍惚地徘徊在洪流冲毁的房前，大声哭吼着被掩埋在屋里的亲人骨肉。十俏被这感天动地的一幕所震撼，情急中快步蹚进泥潭中，将绝望悲情的中年女人拖拽出绝命险境推向高地。哀伤绝望的母亲呆望着他们，断断续续地悲恸哭诉："活蹦乱跳的娃儿整天围在我的身旁嬉戏耍闹，多么心疼啊！怎么说没就没了呢？"她不停地呼喊着孩子的乳名，搂紧孩子的尸首。刚从绝境中脱险的他们，还没来得及体味生命的可贵，又被这眼前的悲惨景象推向了绝望的境地，他们背过脸面噙泪无声，细细体会着母亲失子的悲怆感触。狐媚感同身受地紧紧搂住了孩子的母亲，双手不停地抚摸着她那颤抖的肩背，拖着沙哑的哭腔宽慰道："娃儿他娘莫怨啊！天不留人呀！"孩子娘根本不理会她苦口婆心的劝说，仍然哭得死去活来，她那凄凉愤怒的哀怨砸向咆哮翻滚的洪流深层，这是向肆无忌惮的灾魔发出的悲怆控诉。他们沉默不语、惺惺相惜地领悟着这一锥心的刺痛，年轻的猎手肯定遭遇过死亡的磨难，死难的阴影一直伴随着他的生活，而生存的欲望就像父亲胸前飘逸的长髯那样难以把握。

苍穹上展翅翱翔的雄鹰承载着人间悲怆的灵魂，山野中沉默的崖壁能否听懂世间最凄惨最悲凉的绝唱？这血水和泪雨渗进怪石悬崖的厚厚岩层，辽阔的河谷翻卷着怒吼的波涛摧毁了喇家安宁祥和的聚落，劫难重生的先祖秉持着不离不弃的亲情与留恋故土的心怀，在轰然倒塌的残破屋舍中挥舞着鲜血淋漓的双臂，一遍遍翻动着支离破碎的座座窑洞，呐喊着亲人故友的名字，焦急地等待着他们的回应，青山微微点头，默默记下那族人暗下的决心，企盼着破败残缺的故里修旧如新，重现昔日的繁华景象。

灾难过后的数日，洪水慢慢消退，残垣断壁渐渐显露，幸存下来的男女老幼参差不齐，那种如痴如醉的美好幻觉，似曾从他们眼前一掠而过了无踪影。他们怀着万分哀痛的心情从不同的角落自然而然地聚拢在一起，男人女人个个无精打采，孩童们面黄肌瘦，几位老人伤痕累累。

大家沉默许久，慢慢打破了悲伤沉闷的气氛，人们三三两两交头接耳，诉说着各自家庭的不幸。这时，一个肤色黝黑、毛发浓密、精明魁梧的壮年汉子，高举双臂大声吼叫道："大伙听着，天灾过后就剩下咱们这些人了，要是没有一个族长带领大家冲出险境，日后我们这支族群就很可能会销声匿迹走向毁灭。现在急需推出一位新首领率部重建家园，而俺敢拍着胸脯说，俺在这次祸患中救出的族人最多，贡献最大，只有俺才能带领大家走出困境过上好日子，信得过俺的就举手示意！"话音一落，大伙满脸疑惑，你看看我，我望望你，左顾右盼，相比之下还就是他了！正是他侠骨柔肠的原始野性魅力打动了人们内心最软弱的那一根神经，人们祈盼新族长带领族类重整旗鼓，重建新的家园。

从远处飞来一只喙衔小小树枝的花斑小鸟，它欢快地降落在一棵高大茂密的树冠上，将树枝稳稳地铺就在巢小枝稠的雀窝顶端反复筑牢加固，经过一番修理后从树冠钻出飞向蓝天，继续着它的筑巢使命。

面对恶劣的自然环境，忧伤的族人在野兽出没的密林下披荆斩棘，砍伐着一棵棵碗口粗的树木，不时传来阵阵铿锵有力的号子，他们连扛带抬连拉带拽地将根根圆木拖回了聚落。历经重重苦难的先祖们在荒土断壁上放飞想象，大胆创新，挥臂流汗，掏洞挖穴，取土的取土，垒砌的垒砌，干劲十足热火朝天。晚霞抹去了最后一缕斜阳，天幕渐渐落下，筑建居舍的劳作尚未结束，熊熊篝火将夜战死磕的剪影无限放大地投射在黄土崖壁之上，赤裸上身的女人们手握石刀拆卸兽骨，烹羹煮肉香气四溢。几个围袍翘臀双乳颤动的女人带着顽皮烦闹的孩子，沿着蜿蜒曲径从河谷中采摘归来，将一捧捧饱满的果实分给劳动筑窑的汉子们享用……故乡在记忆中不断被抛离与重建，先祖们一次次地用自己的智慧蹚出一条新途径，开辟出一片片适合人类居住的新天地，日积月累地将破败的聚落恢复到昨日的勃勃生机，鸡鸣狗吠，羊咩牛哞，娃儿嬉笑，老翁悠闲，男女奔忙，聚落里又充满了欣欣向荣的气象。

从废墟上重新挺立的喇家渐渐地勾勒出新的街巷，鳞次栉比的房舍散发着泥土的芳香，袅袅的炊烟再次升起，随风飘逸弥漫了半个晴空，窑洞里再次出现奔忙的身影，吮奶的婴儿蜷缩在母亲的怀里安然睡去，母亲们的面庞再次绽放出甜美的笑靥，爷们儿再次吆喝着牛羊缓慢地朝山野行进，老人们再次重温阳光普照的温暖，日出而作日落而息的安逸生活再次回到了他们的身边。志向远大的新族长黄熊与族里的老巫婆坐在自家门前树下的场地上一边啃食着兽骨，一边喝着自酿的土酒，畅想着新崛起的聚落规划和族群的美好未来。族长欣慰地站起身环视四周，座座窑洞构成一个新的圆形聚落，他深深地吸了一口气，股股潮湿的泥土味儿蹿入鼻腔，使他心潮澎湃情丝绵绵思索着巫婆刚刚提出的建议。忽然，一只黑白相间的喜鹊落到头顶的树杈上不停地发出"喳喳"的鸣叫，好像在传递着什么信息。他抬头仰望，恍然大悟，喜鹊突降预示吉祥，应验了巫婆的说法，他立刻吩咐她敲响悬挂在树上的陶鼓，自己攀上窑洞屋顶，鼓点奏响，族人围拢，他庄重地合手仰天跪拜，用宽厚洪亮的嗓音祈天祷告："我不曾负天，天岂能灭我？保佑族辈子孙绵延，平安吉祥，风调雨顺，繁荣昌盛！"族人们跟随族长伏地叩拜，口念祝语，之后，巫婆抖动手中法器，又跳又舞，吐露着听不清也听不懂的串串密语，最后将手捧的红色朱砂抛向空中再抛向跪拜的族人……天色暗淡，山脊朦胧，涛声轰鸣，篝火升腾，他们载歌载舞，女人们摆出各种各样迷人诱惑的妩媚姿势，吸引着异性朝她们喷射火辣辣的激情，借着酒醇肉香的美味，打着酒嗝的汉子们轰开"嗡嗡"作响环绕火苗的飞虫，眼冒火光直愣愣地瞅准自己心仪的女人，趔趔趄趄地冲向前去……

很久很久，太阳黎明升起傍晚又会落下，男子狩猎女子采摘，牛羊慢悠悠地早出晚归，春风吹过山野秋夜又会刮回，炫丽的花瓣清晨绽放夜晚又闭合；盛夏午后的炊烟总是直升晴空而傍晚略有倾斜，南飞的大雁总是沿着固定的路线秋去春归；枯黄的植被在残存的积雪覆盖中孕育生机，大地回暖时又吐绿，聚落里的一切事物一如既往。

一道刺目的闪电划破寂静的苍穹，雷霆"隆隆"震响，暴雨"哗哗"倾盆，岩石裸露突崩塌陷，翻滚的泥石片刻堵塞了天然的黄河廊道，茫茫无际的堰塞湖就此漫成，湖面步步抬升，堤坝难以承受湖水重压溃堤决口，巨大的泥石洪浪像一头狂魔猛兽脱缰般腾空跃起，飞奔倾泻砸向下游，殃及两岸平和宁静的原始聚落，突来的天灾为何总是肆意频发不肯罢手？这是上苍的再次眷顾还是惩罚？

　　万分苦难的先祖们没有过多地享受到吉祥如意的日子，心底里不肯揭开祖辈遭遇灭顶之灾的疤痛，幻想着重新燃烧激情的岁月。但是，天不遂人愿啊！频繁多发的地震洪水加之灾害过后的各种瘟疫传播接连不断，族人们无论从心理上还是生理上都遭受到了前所未有的严酷摧残，几乎造成了种族的集体消亡殆尽。他们殷实的生计日复一日难以维持，他们强健的体魄年复一年明显衰退，甚至长期的严寒封冻了他们对生活的热情，最终走向弹尽粮绝的衰亡险地，为了心中那个不灭的火焰，秉承着世代孜孜以求的东方天国，他们只能择水草丰美的异乡作为种族播衍繁盛的乐土。

众生迁徙

"躲避在礁石阴影下的两头棕熊,身上的皮毛被微风摩擦,母性的气息在风的作用下撩拨着阳刚的本能,一头肥壮笨拙的雄性悲壮地骑跨上同样笨拙丰硕的雌性尻后进入她的身体上下夯动,并壮丽地实现了在她体内的喷涌!阵阵兴奋低沉的喘息从它们的喉管里传出,一股股白色气浪扑向礁石……突然,雌性掉头,张开血盆大口叼住雄性的喉咙……"这一恐怖闪念惊醒了梦中的族长黄熊,他大汗淋漓既亢奋又恐惧地呆望着身边熟睡的狐媚,不由心悸地想起几日前强抢她的可怕场面,险些被青年猎人十俐偷袭送命,这酣畅舒爽的享受真是来之不易呀!想到这里,他脸上露出一种玩世不恭的奸笑,周身血管贲张,

图66 岩画虎噬牛图 位于青海省海南州共和县切吉乡然呼曲村和里木

图67 岩画老虎图 位于青海省海西州天峻县江河乡卢森

图68 岩画群虎图 位于青海省海北州刚察县泉吉乡海西沟

图69 岩画老虎图 位于青海省海南州共和县切吉乡然呼曲村和里木

一股滚烫的血流在管壁上肆意冲撞，浑身燥热心脏狂跳，她睁开蒙眬的双眼半推半就，同时，他对狐媚描述着刚才的梦境……激情过后，汗流浃背的双方疲软地瘫倒在毛皮大袍上，沉静在妙不可言的性趣里不能自拔。情态动人的狐媚小声问道："你刚才做的是个啥梦呀？对了，是不是要向会解梦的跛腿翁隼请教一下？"黄熊心领神会地答道："近来我老是做一些稀奇古怪的梦，梦见许许多多不同的动物，梦见过远方的狮子、老虎（图66、67、68、69）、鬣狗、大象（图70）、斑马、长颈鹿、一群猴子和一群在迁徙途中悠闲啃食青草的角马；梦见过一只弓着腰随时准备反击的雪豹和一只野狐、几匹土狼、几只狍子（图71）、几头花鹿和几头野驴（图72）、几匹骆驼（图73、74、75）；梦见过一群五彩的飞鸟、一群野鸭、一群野牛和一群羚羊，一只公羊围绕在一只母羊身旁讨好地调情；甚至还梦见我自己四肢着地像一个爬行动物，在山岩上攀援，似乎这岩洞就是我的另一个栖身之地，或许这里可能真的是俺的另一个故乡，一个只能在沉睡中才能抵达的神秘地方。"狐媚还是有些不解地问："你怎么老是梦见动物呢？"其实他也很疑惑，但又不得不摆出一副具有巫觋智慧的神态："咱们一直都在用人的目光瞧着动物，而动物们也一直都在用它们的目光望着我们，其实我们都属于同类。比方说，我们正在野合时，突然发现有一双犀利的眼睛一直紧紧地盯着你我，而紧盯着我们的那双绿森森的眼睛却是一只雪豹的，你会怎样？""啊？！""没错，咱俩死定了！

图 70 岩画大象图　位于青海省海西州都兰县香加乡

图 71 岩画狍子图　位于青海省海西州格尔木市郭勒木德乡昆仑山脚下

图 72 岩画牵驴图　位于青海省海南州共和县切吉乡然呼曲村和里木

图 73 岩画骆驼图　位于青海省海西州德令哈市怀头他拉乡哈其布切沟

图 74 岩画骆驼图　位于青海省海西州格尔木市郭勒木得乡昆仑山脚下

图 75 岩画骆驼图　位于青海省海西州格尔木市郭勒木得乡昆仑山脚下

尽管棕熊的笨拙能够衬托雪豹的灵动,但是,一只雪豹的永久孤独是不会被人类所理解的,你一定听说过雪豹喝血过多必醉的传闻吧?那是真的啊!"两人面面相觑头晕目眩,周边一片寂静,静得连远方狼嚎和近旁雪花飘落的声响都清晰可闻,就像钻进一个没有尽头的黑洞、一个探不到底的深渊、一个巨大无形的漩涡,更像是从崖壁上随风起舞晃晃悠悠往下飘落的一根羽毛……

睡意正浓的一对情侣突然被陶器摔碎的闷响惊醒,黄熊挺身爬起冲出窑洞,来势汹汹的十鸺猛然将一把石镰架在他的脖颈上:"还我的女人,不然我就宰了你!"黄熊一愣,稍停片刻,无奈道:"好吧,带上你的女人一起滚吧!"青年猎手转身冲进光线暗淡的窑洞,他万万没想到族长黄熊会从背后猛下黑手将自己击倒在地久久不能爬起……黄熊下手的瞬间忽然想起昨晚的梦,急忙去找跛腿翁隼,将梦境仔细描述一番,翁隼凝视片刻,说道:"你的这个梦预示凶兆啊!棕熊交配隐喻着族群团结,可是,母熊反目却暗喻着大地母亲的愤懑,不久祸患可能再次降临,族群里会人心向背,应该早作打算啊!"

志存高远的族长,注目峰回路转的黄河,回眸喇家聚落,思绪翻滚感慨万千:祖辈世代栖居的故地演绎了无数场人间悲欢离合的剧目,稀奇古怪的影像及缥缈虚无的事情反反复复总会浮现在他的梦幻之中,牵肠挂肚的血族脉系总是萦绕在他的心头。睡梦中经常出现一杆神奇的权杖,隐隐约约将他引向一条似有若无的先祖未曾到达过的既神秘又充满诱惑和希望的纯净土地，醒来后，这一切美好的闪现却随着意识的清醒未留下丝毫踪影，他只能沿着丝丝缕缕断断续续的梦脉，理顺片段情节进行串接，昨夜的梦仍然停留在它应该停留的地方。他的每一个梦都会勾起自己不安的心绪，现实中的峡谷、记忆中的峡谷和梦幻中的峡谷层层叠叠虚实交错，时空秩序总是错乱纷飞难以分辨。

在蒿草重生的断壁旁，大伙围拢在族长的身边全神贯注地倾听他谋划率部迁徙的宏略计策，个个神色凝重情绪波动议论纷纷。壮年的黄熊咧着肥厚干裂的嘴唇扯着嗓门："春色和煦，高峡深谷不像梦境中的理想净土那般嫩绿，料峭冬日，戈壁荒野一派灰色苍茫没有生命迹象，周边群山绵绵、雪峰皑皑、冰川岳岳、寒意凛凛，残冬未尽初春乍寒，绿色始终姗姗来迟，时时刻刻侵扰着族群的生息。当旭日从东方升起，梦境里的那块乐土时常山清水秀碧河流淌，郁郁葱葱奇花绽放，鸟语翻飞物产丰美，我们这支始终伴随着苦难和希望的种族必将会在那里重新站立起来，大伙看看哪里更好？更适合咱们栖息呢？"他激昂的话语没能激起族人的兴奋，大家一片沉寂，只有跛腿翁隼抬起头反问："族长，你梦里的那个地方在哪里？路途艰险吗？多长时间才能抵达？"黄熊立即回答："在西南方向，那里有一条像龙一样蜿蜒的白色江水孕育了两岸的生灵，非常适合咱们传宗接代。"翁隼跟着说："俺曾经在一望无际的北方大草原上疾蹄驰骋，那里水草丰满牛羊遍野，也是咱们追寻理想的圣地啊！"面带伤疤的青年猎手猛然站立，指着族长大声吼道："他说得不对！大家都知道洪暴是由高向低冲击的，所以给我们低处的子民造成不可挽回的惨痛局面，由低往高搬迁才是最明智的选择！我们应该沿着河道朝着西北方向迁移，翻越一座赤色的山岭就会看见一片湛蓝的汪洋，那里才更适合族群强盛。"部族的争论嘈杂难分伯仲，谁也说服不了谁，始终难以达成共识，争来吵去，大伙只好不欢而散。

聚落里的族人们为了迁徙大计吵得人声鼎沸不亦乐乎，渐渐地，人心向背分歧明显，随之矛盾尖锐分裂加剧，各自拉帮结伙，帮派体系逐渐形成。不久，部族里明显地分成了三个帮派支系，其中一支是以新族长黄熊为首领的南迁帮，一支由跛腿翁隼带领的北上帮，还有一支是由青年猎手十鸺组建的西行帮，各帮之间相互抗衡，各不相让，各自为政，最终分道扬镳，各奔前程。

喇家先祖耐心地送走了漫长煎熬的严冬，迎来了大地复苏的暖春，站在岁月沧桑的渡口，人生皆是过客。无论筜篌峡谷怎样怜惜与挽留，抑或如此荒废与抛弃，繁花似锦的坦途终将吸引他们迈出艰难大胆的步履。先祖们背井离乡弃绝了纯净的江河源头，摒弃了天崩地裂的侵扰，告别了往日繁盛的祖地，留下了神秘残垣的废墟另辟蹊径，他们带走了石器抛光技术，带走了骨器裁割工具，带走了彩绘陶器技法，带走了烧窑火候的掌控眼力，带走了青铜冶炼的铸造工艺，带走了原始的农耕文化，带走了可以带走的一切,消失在河谷的尽头。

乍寒的春风在草原上浩荡,羌笛的荡气浸透了晚霞的低语,野谷的峰顶遗弃了杀戮的狼烟,解冻的河床折断了疾驰的马蹄。族长手握权杖骑在颠簸的马背上,引领部族披荆斩棘穿越黄河边茫茫苍苍的密林,内心万分迷惑忧虑,遥远的圣土究竟是什么样子,自己也是一片茫然,只有在心底暗暗地祈祷上苍保佑。块块沉重的乌云从湛蓝的天边狠狠地滚动而来,一阵强似一阵的狂风夹杂着暴雨倾盆水漫金山。滂沱大雨顷刻变成了豆粒大小的晶莹冰雹,铺天盖地噼里啪啦,砸向巍峨耸立的峰峦,砸向洪荒伟力的旷野,砸向长途跋涉插天霸气的族群。黄熊的铁骑不安地打了个响鼻,前蹄焦灼不安地刨着草地,它猛然跃起,箭一般疾蹄狂奔,这突来的变故使黄熊吓出一身冷汗,暴风骤雨和肆虐冰雹砸得他睁不开眼抬不起头,他使尽浑身解数紧勒缰绳强力控制惊马的疯狂奔腾却无济于事,只能任由其肆意摆布,惊马已经前冲了很长的路程,距族群队列越来越远,渐渐地淹没在苍茫的雨雾尽头……就在奔马戛然而止的瞬间,阳光从云缝深处透射而出,天空顿时清亮,风、雨、冰雹全部收起了肆虐的脚步。黄熊下马前望,惊出一身冷汗,天啊!距他们两三米远的前方就是深不见底的断崖深谷,如果惊马再向前迈出一匹马身的距离,他和他的坐骑都将葬身于天涯了。(图76、77、78)

数日之后,疲惫不堪的南迁部族继续跋涉远行,从云霞中飞过的

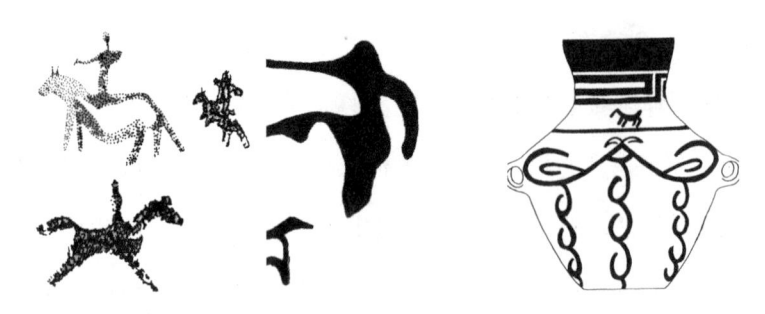

图76 岩画人骑马图 位于青海省海西州格尔木市郭勒木得乡　　图77 岩画公马图 位于青海省海南州共和县切吉乡然呼曲村和里木　　图78 马纹彩陶罐 1978年出土于青海民和核桃庄小旱地 辛店文化

雁队"咕儿嘎儿"地叫着渐渐远去（图79），行者们看着不断变换队形的雁群，吹着口哨哼着曲调，驱赶野狗追打恶狼。不知翻越了多少狰狞峻秀的高山渊涧，蹚过了多少宽窄不一、深浅难测的溪水湖泊，在星斗满天的寒夜里，他们披霜带露相拥而卧，梦呓中的狂笑渗透出哭的腔调与哀鸣中的狼嗥极为相像，常常被噩梦惊醒浑身战栗。尽管如此，他们每个人的泪花里都饱含着开拓垦殖的梦想，泪滴里都默认着艰辛旅程的磨难。一天，族人们迎风冒雪翻越一座冰川林立的大山奔向一片广袤的原野，却被一条宽广汹涌的河流阻挡了坚韧的步伐。族长运筹帷幄当即下令：一部分人宰牛杀羊，将羊皮从肌骨上囫囵剥离，再将脖颈、四肢和臀部的切口扎紧，最后在腿部留出一个小小

图79 岩画大雁、牦牛、野狼、狗和人图 位于青海省海西州格尔木市郭勒木德乡昆仑山脚下

的孔,轮流吹胀皮胎制成皮囊;另一部分人砍伐树木扎制龙骨,再将吹鼓的气囊捆绑勒紧在骨架下方形成筏子。欣喜的人们牵着牛羊在族长的指挥下分批次横渡江河,一位棕色皮肤的强壮汉子手握树棍,跪在筏子的前端娴熟地划着翻腾的巨浪,激流怒吼奔腾不息,将筏子猛然托举到浪尖,又猛然垂直地沉入谷底,像夯石桩般剧烈地上下颠簸,筏子上的人们有的被大口大口地灌进冰冷苦涩的河水,呛得头昏目眩呕吐不止,有的被波浪无情地吞没消失得踪影全无……最终,族长率领自己的部族突破重重险关,蹚出一条条先辈从未开拓的更适宜人类生存的强盛之路,他们信心满满地踏上了新的征程,遗留在南迁之路上的堆堆白骨,垒起了无数个先祖追寻梦想图强的生命界碑。

  酒囊里残留的一滴醇香土酒,足以让青年猎手流出远离故土艰难西行的泪珠,感慨爱恨情仇:临行前,猎手念念不忘心爱的狐媚还被族长霸占着,心中愤愤不满,时时刻刻地寻找夺回的时机。他找到族长的翘胯娘们儿把自己的想法和盘托出,她听后兴奋地问:"你们抢到狐媚后,一定把我带上一起走,你能做到吗?"十俫坚定地点了点头。在一个伸手不见五指的漆黑夜晚,翘胯娘们儿捧着一大壶自酿的浊酒来到黄熊面前说:"叫上狐媚和门外把守的弟兄一起喝告别酒吧,咱们就要离开故土了,心里有种说不出的滋味呀!"黄熊点头默许了。不到一个时辰,窑洞里传出阵阵激情澎湃酣畅淋漓的喧哗,一个黑影推开木栏门晃晃悠悠地来到离猎人埋伏地点只有几米的土坎前……又过了一个时辰，窑洞里的喧闹声渐渐低沉停歇了，里面的汉子们被这烈性的土酒烧灼得话音不清迷迷糊糊昏昏沉沉，个个合袍昏睡不省人事，翘胯娘们牵着狐媚的手逃离了这座充满荷尔蒙气息的窑洞。十俰纠合了几个身强力壮手脚麻利的年轻人，在夜色的掩护下，趁着族长酩酊大醉之时夺回了自己心爱的狐媚，带走了族长的婆娘。夜色中，狐媚钻进十俰怀里，含情脉脉地看着曾经以命相搏的血性汉子，回味起他们生离死别之后的再次重逢，真切感悟到人生苦短的真谛。他们飞速沿着规划好的线路与追随自己的族人汇合，并悄无声息地登上了西行的征程。

千里辗转泯灭了往事的荣辱悲欢，过往生活的瓦砾碎片历历在目。十俰仰望银色的月光，浓烈的愁绪触动心底，族人们泪别故里，穿越群峦，驶向旷野，踏冰卧雪，忍饥挨饿，多少个日日夜夜，多少处艰难险阻，大多数人染上了疾病，体力透支难以行进，病倒的病倒，丢命的丢命，生死离别的场面愈演愈烈，面对跟随自己的人们，十俰心中无比愧疚。当他们十分艰难地翻越一座赤色的山岭时突然眼前一亮，一片辽阔的水域一眼望不到边际，大家心旷神怡地长长舒了口气，十俰激昂地指着水域旁绿草茵茵牛羊遍野的草场，说："这里就是我们新的乐土。"族人们一口气冲下山坡来到草场，挖掘灶坑架起炊器，炊烟顿时裹挟着肉香飘散于四周。水域边的山坡上站满了双角高挺、直冲云端的羚羊，根根直角像一片片新栽的树苗在余晖下不停蹿动。（图80）突然，滚滚乌云压过，片片雪花飞扬，顷刻间颠覆了族人们对高原草地灰蒙蒙的视觉冲击，这里常有"六月飞雪"的奇观。他们没有埋怨，没有气馁，依然继续营建着自己选择的家园。

跛腿翁隼矗立河岸高地，凝视着滚滚东去的激流，幽幽故土默默无言，处处散发着悲凉的切切乡愁，黄河滔滔划破了深夜的静谧，老翁隼的心迹沿着北斗指引的方向踽踽前行。

启程的号角吹响金戈铁马的旋律，笔笔素描绘制着白山黑水的热情，北迁途中骏马奔腾于草原，席卷着寒冷如冰的伤痛与悲情。幽远的苍穹中悬挂着大如车轮的米色圆月，它寂寞地横亘在夜空之中，还是相同的夜晚却不是相同的河流。跛腿翁隼极目远眺，弯弯的河流在月光的映照下泛出银白色的辉芒，岸边堆堆篝火将夜空点亮，三五成群、全身赤裸的人们在火光下忙碌着各自的事物，女人们拿着骨针在兽皮上穿针走线，几个幼童在旁边的草地上爬来爬去。

天边草坡上蹲踞着几匹虎视眈眈的北方狼，窥视着迁来不久的一群陌生另类和熟悉的牛羊，时刻寻找偷袭的战机。一位母亲突然大声

图80　岩画羚羊图　位于青海省海南州共和县切吉乡中布滩

惊叫，急忙将身边乱爬的娃儿搂在怀里。大伙闻声望去，顿时惊跳起来，将手中的火把朝着凶残贪婪的狼群投去，它们从未见过这帮身上带火的家伙，狡诈的本性遭遇如此的打击，各个暴露出血色狰狞的凶相，纵鼻咧嘴，龇牙露舌，阴招显露，瞠目反扑，摆出前追后堵、左突右击的玄妙布列，群狼四处散开，忽然像箭一般扑向牛羊，大有一网打尽的阵势。这天降的突袭扰乱了徙民立足未稳的秩序，跛腿翁隼看到人狼混战，怒发冲冠大声吼道："大伙集中力量，攻打前面那只最大的！"于是，族人们瞅准那只最凶残的头狼前堵后截紧追不舍，犹如志士征战拼死沙场，最终将它击倒在血泊之中，草原上空悬浮着北方狼的哀鸣与哭嗥。（图81、82）这场你死我活的人兽博弈在老翁隼的率领下采取了果断有效的围捕，凯旋的族人将捕捉的恶狼架在火堆上烧烤，激情无比地狂欢到天明。

苍天向来不会有半点儿偏袒，弱肉强食物竞天择是大自然的生存法则，动物间的搏杀一直是力量与智慧的抗衡，跛腿翁隼深信天界里的战神在云层中驰骋，护佑着奔赴千里莽原的部族安身立命。

图81 狼纹彩陶罐 1980年出土于青海循化啊哈特拉山墓地 卡约文化

图82 岩画豺狼图 位于青海省海南州共和县切吉乡然呼曲村和里木

明朗无界的苍宇辐散着金黄的光芒，层峦叠嶂的峰巅在天际下逶迤连绵，滔滔东流的古老黄河协奏着低沉悠扬的羌笛，崎岖坎坷的岸崖屹然矗立于孤弃的高谷。强悍的先祖忍痛抛弃罹难的骨肉和残损的故里，为了攀缘遐想中的天府，他们穿越历史的丛林，活生生的血肉之躯历尽磨难，多少道血泪溪流在条条悲苦的征途上流淌，不仅驻留无数章神话传颂，还注满了灵性的律动。那些最能讲述凄美故事的智者已经殒没在征途中铸成了界碑，而存活下来的人们承受不了重提过往的噩梦，情不自禁地抹去那段恐惧的伤逝。他们带着深不可测的沉思，坚定地沿着亡魂们踏出的艰险途径顽强地继续演绎着凤凰涅槃的神话。喇家部族永远不会忘记黄河厚土的气息，不会忘记峡谷深涧的垂柳，更不会忘记高挺脊梁的祖辈在亘古洪荒的莽野筚路褴褛，他们将创造的丰功伟业以连环画的形式镌刻在岁月苍茫高谷箜篌的大地上，让后世穿越时空隧道去瞻仰威慑环宇不可一世的人类传奇，沐浴光辉灿烂的华夏文明曙光，祈盼先祖不屈的灵魂永垂不朽长存于世……

那么，喇家这支古老的族群血脉到底徙向何方了呢？！

或许那是一段我们永远难以忘怀无法抹去的先祖用生命镌刻的无字丰碑，是一段尘埃落定永久封存的文明记忆。亚特兰提斯·穆·雷米利古大陆上曾经诞生的璀璨曙光究竟是个怎样的轨迹？复活节岛上仰视环宇的600多尊巨石雕像究竟蕴含着什么样的实际隐喻？亚历山大图书馆那些绝处逢生的辉煌经典中究竟还有多少未曾拓垦的瀚海荒原？青藏高原那些古寺名刹尘封已久的汗牛经卷里究竟还有多少史前密码未曾破译？这一切的一切，我们很难知晓，也很是苦恼！当代世界遍地都设立五花八门的所谓科学预测机构，但真正的智者却极少冒头。智者的灵魂需要纯净的天空，远离喧嚣污浊的生态，妙境梵音的睿智源于自然洁净的逻辑。一旦自然环境蒙尘含垢，超凡的智慧则毁于愚钝和蒙昧，然而现代人类的灵肉则大多悬浮在空前蒙昧状态之中日益麻木却感觉良好……千载往昔，景象繁华，令人神往。置身于如此惨烈的废墟之上，留下的只有一种孤独无援宁静缥缈的思绪，使我们无法探究应该从哪里去寻找被年轮抛弃了的历史细节，人类社会的艰苦经营究竟是为了什么？什么是历史？什么又是文明？

历史的帷幕一层层地合上了，远古的繁华背后又何尝不是一片荒芜？我们情愿奋蹄驰骋攀援险峰，使生命之舟在风暴降临时的咆哮中沉浮升腾，让肺腑之诗在褒贬毁誉中长吟永恒；我们宁可消耗殆尽倒毙于荒漠途中，在余晖笼罩下的高原峡谷间凭借心的律动，扬起笑颜，坚定地信奉历史的神韵与文明的光芒，探寻喇家先祖神圣的魅力，捋清他们波澜壮阔的生存脉系。让我们更加真切地体会当年先祖们开创的博大精深的齐家文化，乃至成为华夏文明的繁茂根须，他们确立了繁杂的地缘关系、生产关系、族际关系、礼法关系、社会关系以及文化关系等，在经历了远古的自然崇拜即神灵信仰，逐步演绎成对人类自身崇拜的完整的、规范的文明系统，甚至影响到今天，约束着我们言行礼数的法度，绽放出履约开化的景象，为人类的繁荣进步创造了前提条件。喇家原始聚落无论是繁华或者是荒芜都早已被嚣嚣红尘滚滚黄沙湮没了，只有从厚厚的黄土层下喷涌而出的齐家文化遗留给世代一股股祖先的灵气。

附文

喇家遗址与大禹治水综合景区创意设想

最近读到鲍义志先生发表在2006年《中国土族》秋季号上的《喇家遗址与大禹治水》一文,深感青海史前文明的重要,同时产生了一种强烈的震撼。鲍义志先生查阅了大量的史籍记载,并对古代神话传说与喇家遗址考古发掘成果进行了深层次的探讨、研究与分析,最终形成了喇家灾难遗址及周边区域很可能就是大禹治水与夏王朝策源地的推断,我认为这一推断是十分可信的。理由是史料与考古发掘实物及时间与地点上的吻合,充分证明这一观点的可信度。这一观点的产生,对进一步了解和认识青海的史前文明提出了一个新的研究课题。

地处祖国藏北高原的青海,高山险峻,江河纵横,民族众多,是华夏民族的文化摇篮——长江、黄河、澜沧江的源头，自古以来就是伟大祖国的重要组成部分。在特殊的地理环境和漫漫的历史长河中，古代先民以自己聪明的才智和勤劳的双手，开发了祖国的这块神圣宝地，谱写了青海辉煌的历史，创造了具有本地区特色的灿烂文化。由于特殊的地理环境与神秘的历史文化背景，史前文化显得特别丰厚与神圣。如果鲍义志先生的这一观点成立的话，将给这里的史前文化研究增添一抹浓郁的重彩。通过古籍文献与考古发掘资料的对照研读，可得知青海高原古代先民对生活的热爱，对真、善、美的追求。充分反映出高原先民的生命力、创造力和凝聚力，并由此折射出青海古代先民的精神内质，彰显出高原民族之魂。

近年来，随着旅游事业的迅猛发展，青海在民族文化旅游方面做了大量工作，取得了显著成绩，尤其是以历史文化为载体的景点项目，年接待量达几百万人次，为地方经济发展起到了积极的促进作用。旅游是文化宣传的重要载体，文化是旅游的灵魂。只有将文化与旅游有机地结合，才能提高文化旅游的层次，增强文化发展的后劲。

如果能将喇家遗址保护规划与大禹治水历史传说有机地结合起来，全盘考虑营建一处集文物保护与大禹治水故事于一体的旅游景区，将是打造青海历史文化品牌的一项重大举措。

下面，仅就喇家遗址与大禹治水综合景区的创意理念谈几点意见：

一、大禹治水雕塑群　建议在进入喇家遗址前，建一处小型主题广场，广场的平面总体形象可参考喇家遗址出土的以齐家文化为代表的玉琮、玉璧等造型。整体空间组织采用自然造型和传统造型相融合的手法，与喇家遗址总体规划相协调，以最大力度表达出自然环境的意味。

在主题广场的中心，营建一圆形直径约20米的平台，平台高约1米，设9层踏步，在平台后边设一半圆弧形背景壁画墙，利用当地石材修建。背景墙外观以残垣断壁的形式表现，寓意地震与洪水给人类造成的灾难，壁画内容运用浅浮雕的手法以连环画形式展现喇家遗址中的房址平面图，重点突出房址内不同姿态的人骨遗骸，衔接处可穿插一些喇家遗址出土的经典文物造型。此墙为主题"大禹治水"雕塑群的背景，墙高约2.6米。

在背景墙前，采用不锈钢材质做出前后两排水浪效果，水浪中间可使游人进入，浪高约1.2米，水浪两头以龙形表现，充分体现龙与水的密切关系。采用不锈钢材质表达水的质感，它与背景墙石材形成极大的反差，给人产生身临其境之感和强烈的视觉冲击力。

残垣断壁与水浪效果均围绕在中心主题"大禹治水"雕塑群周围，塑像应以写实的手法表现，将人体动作与面部表情表达得淋漓尽致，从灾难来临时人类最初的面部表情开始创作，对人类本身固有的恐惧、刚毅以及坚韧不拔的浩然正气等每一个细节的变化都要严格把握，重点突出大禹亲率先民与洪水斗争的顽强精神。塑像高约6米。

图83 大禹治水雕塑群创意设计草图

主题广场的构思以静态模式为喇家遗址树立一个形象标志，以主题形象拓展黄河上游史前文明的历史空间，为喇家遗址打造一个主题明确凸显的前奏，同时也给游客营造一个主题鲜明的景区标志作为界定与引导，使游客在进入喇家遗址前完成一系列的准备行为，如休息、购票等等。所以，在这个创意中，便捷的服务路线和舒适的空间组织是必不可少的。

二、禹王宫　建议在喇家遗址之后，建造一处禹王宫，利用现代景观建筑语言表达此项目的古朴意韵，不刻板地遵从传统建筑形制，并在现代建筑设计的基调下进行再创造，力求达到与历史和自然环境间的融合。尤其在各项服务设施之间的联系上，既不能拘泥于陈旧的游览组织意识，还要考虑到游客的心理，从整体外观上营造出创意新颖、造型独特、构思巧妙、寓意深远、别具一格的建筑形象。

基于以上思考，我认为"禹王宫"的外观造型设计，可采取现代抽象手法，设计成一个自然山体的断裂（积石山）和现代玻璃幕球顶相结合的建筑外观造型。此建筑平面呈圆形，圆形玻璃幕球顶两侧为半圆形断裂山体，断裂处以参差不齐的地震裂痕形式表现，两山体中间露出一圆形玻璃幕球体。此构想寓意地震将一座山体从中劈开，从地平线下升出一颗璀璨的明星，这颗星不正是象征着有口皆碑的治水英雄——大禹王的形象吗？

禹王宫室内设计，在禹王宫内部中心重点再现一处以喇家遗址齐家文化为代表的原始村落房址，运用现代声、光、电相结合的科技手段，将此场景的原始氛围制作得真实、自然、准确。游客到此可直接参与和感受到地震与洪水给人类造成的巨大灾难。

游客在房屋内通过门窗可以看到地震与洪水来临之前，室外天空乌云密布，电闪雷鸣，风沙走石，树木摇摆，听到从远处传来阵阵轰鸣与野兽的吼叫，给人一种身临其境的感觉。通过地震台发出的信号，房屋在微微颤抖，抖动感慢慢加强，人们开始站立不稳，地震达到极限，房屋开始倒塌，随之而来的一股水源从顶部迎面泻下，但绝不能将水泼洒在游客身上。经过循环水的处理，泼洒出来的水回到原处。随着房屋的倒塌，地震与洪水开始渐渐停止，天空慢慢晴朗，各种恐怖的声音也随之消逝……远处渐渐传来小鸟清脆的歌声，人们在此残垣废址上重建家园。此房屋利用40余块轻质材料按小孩搭积木的方式组建而成。如果以一个家庭3人~4人为一组的话，重新搭建房屋的时间应该不会超过10分钟。

禹王官内部除了原始村落与洪水模拟区以外，力求生动地再现大禹治水历史文化发展的脉络，凡与大禹相关的古代文献，都要合理地表达，凸显古代先民的重要成就。合理运用雕塑、绘画、舞美、布展以及工艺等多种表现手段，使景观、模型、场景的布置衔接有序，充分发挥声、光、电等高科技的作用。以优秀作品说话，由点到面，深挖历史人物、历史事件、人文美学等方面的背景资料，增强信息量，力求使游览线路流畅，同时作为原则，要保持学术上的严谨性。

以上两点建议，于喇家遗址总体规划布局来看，形成前后呼应之势、一动一静的创意构想，是否合理，还有待于进一步深入研究。这个设想，还只是一种不成熟的假设，希望专家学者们多参与探讨，多提意见。

参考书目

[1] 青海省文物管理处考古队，中国社会科学院考古研究所．青海柳湾——乐都柳湾原始社会墓地 [M]．北京：文物出版社，1984．

[2] 青海省文物管理处，海南州民族博物馆．青海同德县宗日遗址发掘简报 [J]．考古，1998(5)．

[3] 青海省文物考古研究所．民和阳山 [M]．北京：文物出版社，1990．

[4] 刘鹏．青海喇家遗址发现齐家文化石刀 [N]．华声报，2000-6-28．

[5] 于海娣，徐胜华．人类神秘现象大全集 [M]．北京：华文出版社，2000．

[6] 汤惠生，张文华．青海岩画——史前艺术中二元对立思维及其观念的研究 [M]．北京：科学出版社，2001．

[7] 中国社会科学院考古研究所甘青工作队，青海省文物考古研究所．青海民和县喇家遗址 2000 年发掘简报 [J]．考古，2002(12)．

[8] 中科院考古所青海省文物考古研究所．青海民和喇家遗址发现齐家文化祭坛和干栏式建筑 [J]．考古，2004(6)．

[9] 青海省文物考古研究所，青海省文物管理处，西北大学文博学院．民

和核桃庄 [M]. 北京：科学出版社，2004.

[10] 王勇，等. 中国世界图腾文化 [M]. 北京：时事出版社，2007.

[11] 叶茂林. 从汶川地震再看喇家遗址 [N]. 中国文物报，2008-7-11.

[12] 古岳. 谁为人类忏悔 [M]. 北京：作家出版社，2008.

[13] 张小虎，夏正楷，杨晓燕. 青海喇家遗址废弃原因再探讨——与《古代中国的环境研究》一文作者商榷 [J]. 考古与文物，2009(1).

[14] 任晓燕，王倩倩. 大通长宁遗址.// 任晓燕，青海省文物考古研究所，再现文明：青海省基本建设考古重要发现 [C]. 北京：文物出版社，2013.

[15] 叶茂林. 齐家文化农业发展的生态化适应：原始草作农业初探——以青海喇家遗址为例 [J]. 农业考古，2015(6).

[16] 梅朵，三江圣境·玉树 [M]. 西宁：青海人民出版社，2015.

后　记

在纵横千里上下万年的考古学文化探索中，我们挺起疲惫的身躯，以坚韧的心智丈量着高原文明的厚重与深远，领略到博大精深、辉煌灿烂的人类文化遗产魅力，她宛如大鹏展翅拥抱八方来客，期待着一把神圣的钥匙开启远古生命之门，共享先祖们精心烹制的文明馔肴。这片古老的土地依然绽放着人类奇迹的耀眼光辉，奏响着一个时代的强劲音符。

本书力图结合枯燥乏味的考古发掘资料与只言片语的文献载录，采用雅俗共赏的文学笔法进行一次有益的尝试，在远古亡魂苍白的骨架上尽力增添鲜活的灵肉，努力架构文化普及读物的新路径。它不仅注重有形的物质形态和无形的表达方式融为一体，运用文化层、技术层、人性层、社会层叙述整体情节，文内绘制83幅文物插图，图文并茂，内容翔实,而且注重地缘考古理论挖掘与文学语境创作个性的思考,考古学文化激荡着早期人类的生存本能——对生命的追求、渴望、尊重以及自然界关系的协调,更注重对文化载体即原始人类生活状态的探微,以律动的心灵串缀作品的主线,也是基本思路。正像马林诺夫斯基所说"文本是重要的,但是没有语境就是没有生命的"那样,阐释了死亡意识下辐射的人生观、世界观、价值观,探寻人从哪里来又到哪里去的疑题,求索齐家文化所蕴含的内在基因,这正是笔者研究的着墨支点——以浅显的文字、通俗易懂的语境方式表达出历久弥新的人文情愫,透过田野考古的"视窗"传递原始人类艰辛的生存历程。

本书的完成历经了一年多时间的前期资料查阅、中期访问、后期撰写,期间得益于众多文友的强劲支持与鼓励,而本人并非文学写作者,只是浅浅试笔,如有不足,学人莫笑。

首先,感谢青海人民出版社总编辑马非先生提供的创作平台;中国作家协会会员、青海广播电视台总编室副主任兼《青海广播电视报》总编辑葛建中先生大力举荐;青海省文物考古研究所王倩倩研究员、张君奇研究员,中科院考古所叶茂林研究员,青海省博物馆董志强馆长,原西宁市文物管理所曾永丰所长与奋战在田野前沿的考古工作者们提供的考古文化信息及撰文。

其次,感谢荣获2003年中国宋庆龄基金会、《孩子天地》杂志社授予"全国十佳校园文化名人"称号的颜青铭副教授,他在文字润色上与我切磋探讨，使文本内容更加明确，更加出彩。感谢我省德艺双馨文艺工作者、青海花儿研究专家朱嘉华女士为本书认真校对。感谢青海省博物馆王世威、李光耀两位先生为文内插图进行扫描与修饰。

最后，感谢青海省著名作家、省政协原副主席鲍义志先生与青海日报社原主编王文泸先生为本书撰序。感谢梅朵、祁建青、董明、李皓、郭国庆、马文秀作家以及张建青、崔青山、李秀东、臧小平、张永涛、张芳平、管芸、李丽霞、李丽芳、杨雅钧、年家莹、央金、蔡木华等朋友们的鼎力相助。感谢我的夫人王瑜女士，积极营造温馨的创作环境，承担了大量的文字编辑工作，使本人能够全身心地投入到耕耘之中。

请允许我再次向本书付出努力的亲朋好友表示由衷的敬意和最诚恳的谢意！

此书并非完美无瑕，惠祈慧眼识珠的学人们以赐正教！

2018年4月8日于西宁